PARE DE VACILAR em suas APRESENTAÇÕES

JEAN EMMANUEL

PandorgA

Copyright © Jean Emmanuel, 2020
Todos os direitos reservados
Copyright © 2020 by Editora Pandorga

Direção Editorial
Silvia Vasconcelos
Produção Editorial
Equipe Editora Pandorga
Preparação
Juliana Santoros Miranda
Revisão
Daniela Vilarinho
Projeto gráfico e diagramação
Vanúcia Santos (Design Editorial)
Capa
Vanúcia Santos (Design Editorial)

Texto de acordo com as normas do Novo Acordo Ortográfico da Língua Portuguesa
(Decreto Legislativo nº 54, de 1995)

DADOS INTERNACIONAIS DE CATALOGAÇÃO NA PUBLICAÇÃO (CIP) DE ACORDO COM ISBD
Elaborado por Vagner Rodolfo da Silva - CRB-8/9410

E54p   Emmanuel, Jean

    Pare de vacilar em suas apresentações / Jean Emmanuel.
- Cotia, SP : Pandorga, 2020.
288 p. ; 14cm x 21cm.

ISBN: 978-65-5579-006-1

1. Autoajuda. 2. Apresentações. 3. Retórica. 4. Oratória.
5. Palestras. I. Título.

2020-594   CDD 158.1
                                      CDU 159.947

Índices para catálogo sistemático:
1. Autoajuda 158.1
2. Autoajuda 159.947

2020
IMPRESSO NO BRASIL
PRINTED IN BRAZIL
DIREITOS CEDIDOS PARA ESTA EDIÇÃO À
EDITORA PANDORGA
RODOVIA RAPOSO TAVARES, KM 22
GRANJA VIANA – COTIA – SP
Tel. (11) 4612-6404
www.editorapandorga.com.br

SUMÁRIO

PARTE 1 - COMUNICAÇÃO NÃO VERBAL 7
  Capítulo 1 - Indo além do conteúdo 9
  Capítulo 2 - Calma, The Flash 35
  Capítulo 3 - "Longe dos olhos, longe da alma" 45
  Capítulo 4 - Fale com as mãos também 57

PARTE 2 - O TRIPÉ DA COMUNICAÇÃO 71
  Capítulo 5 - Dê atenção para as três pernas do tripé 73
  Capítulo 6 - Acorde para falar 81

PARTE 3 - O MEDO DE FALAR EM PÚBLICO 89
  Capítulo 7 - Sem tremer de medo 91

PARTE 4 - DESAFIOS DO ORADOR 109
  Capítulo 8 - Desafios do orador 111

PARTE 5 - SIMPLIFICANDO A FALA 129
  Capítulo 9 - Converse com o público 131
  Capítulo 10 - Seja prático 139
  Capítulo 11 - Fale de forma que te entendam 151

PARTE 6 - PREPARANDO O MATERIAL **163**
   Capítulo 12 - E agora, como preparar o material? 165
   Capítulo 13 - Preparo e ensaio *versus* fala de improviso................201

PARTE 7 - CUIDADOS NA HORA H... **215**
   Capítulo 14 - Cuidado com o que você fala..................................217
   Capítulo 15 - "Tipo assim, né?"..233

PARTE 8 - CUIDADOS COM A VOZ... **241**
   Capítulo 16 - Cuide da sua voz..243

PARTE 9 - CONVENCENDO E PERSUADINDO............................. **253**
   Capítulo 17 - Convencendo e persuadindo 255

PARTE 10 - RECURSO VISUAL **265**
   Capítulo 18 - Não seja um leitor de slide....................................267

REFLEXÕES FINAIS.. **283**

REFERÊNCIAS BIBLIOGRÁFICAS **285**

APRESENTAÇÃO

Se você está lendo este livro, ou você tem dificuldades para falar em público ou você quer simplesmente aperfeiçoar-se. O material apresentado neste livro agregará em ambos os casos.

Se você está no grupo dos que têm dificuldade, abrirá a sua visão e desmistificará muitos conceitos de oratória. Perceberá que falar em público é uma habilidade que pode ser desenvolvida e que aquela apresentação desastrosa pode melhorar e muito, com simples ajustes.

Se você está no grupo dos que desejam aperfeiçoamento, saiba que isso é algo que não tem fim: sempre é possível melhorar, sempre é possível ser um orador melhor. Um grande problema é que muitas pessoas falam em público há anos, cheios de defeitos e vícios, e não têm a humildade necessária para ir atrás do aperfeiçoamento preciso.

Este livro está dividido em dez partes. A Parte 1 discorre sobre a comunicação não verbal, algo tão desconhecido pela maioria das pessoas. A Parte 2 trata do tripé da comunicação – com este tripé você será um grande orador; contudo, se uma das pernas não estiver firme, sua apresentação cairá. A Parte 3 aborda sobre o medo de falar em público – mitos, explicações e soluções para isto que incomoda tanta gente. A Parte 4 esclarece quais são os desafios do orador e como superá-los. A Parte 5 mostra que a fala simples é muito mais interessante do que a fala rebuscada. A Parte 6 explica o que você deve fazer para produzir um material com qualidade. A Parte 7 explicita quais são os cuidados que se deve ter na hora H – o que falar, como falar e o que não falar. A Parte 8 trata dos cuidados com a voz, sua ferramenta de trabalho. A Parte 9 apresenta a você como fazer para convencer e persuadir alguém. Por fim, a Parte 10 aborda sobre os recursos visuais – algo que ajuda ou atrapalha, sem meio termo.

Os 18 capítulos que compõem o livro são iniciados com uma história fictícia, apenas para contextualizar o assunto a ser tratado. Na parte técnica, a ideia é simplificar conceitos complexos, facilitando a compreensão e reflexão deles.

A oratória é um assunto que me encanta, e algo muito gratificante é poder compartilhar o que sei, o que estudo e o que vivo. Todo o material foi preparado com muito esmero para que você desfrute da leitura e obtenha o seu desenvolvimento pessoal. Meu desejo é que, ao terminar o livro, você seja um comunicador melhor do que quando iniciou a leitura e que você pare de vacilar em suas apresentações.

PARTE 1

COMUNICAÇÃO NÃO VERBAL

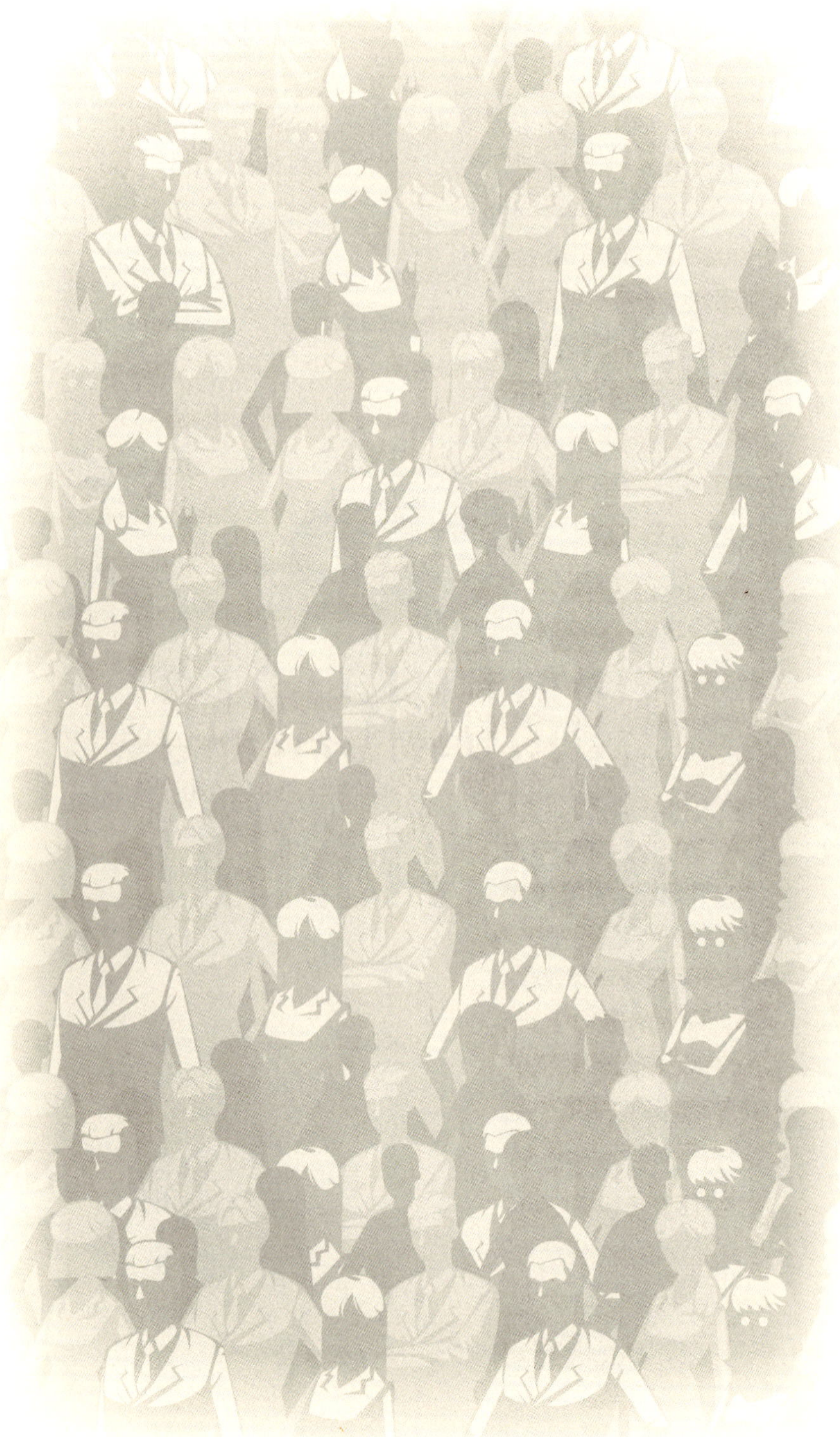

CAPÍTULO 1
INDO ALÉM
DO CONTEÚDO

O clima de eleição aumentava a cada dia na cidade de Ranchinho. Havia dois candidatos – o atual prefeito, Brito Prestes, que era candidato à reeleição – e o Professor Amadeu, que era da oposição. Brito Prestes fez um péssimo primeiro mandato e sua rejeição estava alta. O Professor Amadeu era formado em Administração e em Economia, além de ser gestor de uma grande empresa e dar aulas na universidade da região. Apenas com estas características, é de se supor que o Professor venceu esta disputa com 99,9% dos votos, mas não foi o que aconteceu. Essa cidade tinha tradição em fazer debates na praça central, onde todo mundo se reunia para ouvir os candidatos. Brito Prestes era um grande comunicador – era bem articulado, com uma voz forte e uma linguagem corporal que inspirava segurança. Já o Professor Amadeu tinha muito conhecimento, e mesmo sem ser um grande comunicador, conseguia liderar de forma competente (observação: se o Professor se comunicasse melhor, seria um gestor ainda melhor). Entretanto, a sua voz hesitante e a sua linguagem corporal lhe tiraram muitos votos, e ele perdeu as eleições naquele ano.

A população votou no melhor comunicador. Isso é irônico, contudo fazemos isso constantemente, não só nas eleições. Se vamos comprar um carro, por exemplo, falamos com um vendedor, com outro e acabamos comprando daquele vendedor que se comunica melhor. Por isso todos necessitam serem bons comunicadores, não só pela questão profissional, mas também pela questão pessoal. Quem se comunica bem consegue mais coisas que deseja e distancia-se dos ruídos de comunicação, causa principal de muitas das dificuldades que são enfrentadas em nossa vida.

A seguir seguem toques que vão tanto para o Professor Amadeu quanto para você, leitor, que deseja ser um orador impactante.

PARA QUE FAZER UMA PALESTRA?

Chris Anderson faz a seguinte reflexão: para que fazer uma palestra? Não seria mais fácil enviar o conteúdo por e-mail? Seria possível economizar com o aluguel da sala, com deslocamento etc. Por que não enviar tudo por e-mail? Porque a palestra bem-feita pode proporcionar inspiração, sintonia do público com o orador, envolvimento, curiosidade, empatia, entusiasmo e convicção. Já a palestra mal feita poderia ir por e-mail mesmo, sem prejuízo algum.

Tem oradores que conseguem nos encantar. Nós nos sentimos transportados para o seu mundo e não queremos que ele termine tão cedo. Como este orador consegue isso? É claro que o conteúdo ajuda, mas não é tudo. Chris Anderson afirma o seguinte:

> Há muitos mistérios referentes a como e por que reagimos com tanta força a certos oradores. (...) Em algum ponto dentro de você existe um algoritmo para a confiança. Um algoritmo para a credibilidade. Um algoritmo para a forma como as emoções se transferem de um cérebro para outro. Não conhecemos os detalhes desses algoritmos, mas podemos definir pistas importantes. E elas se dividem em duas grandes categorias: o que você faz com a voz e o que você faz com o corpo.

Se eu decorasse um texto de um humorista como Fábio Porchat e repetisse esse texto, ficaria igual? A resposta é não. Mas mesmo eu falando todas as palavras que ele falaria? Mesmo assim. Isso porque não há apenas as palavras; a comunicação não verbal importa muito – o que você faz com a voz e o que faz com o corpo determina o impacto da sua comunicação.

Em 1971, Albert Mehrabian escreveu o livro intitulado *Silent Messages* (Mensagens Silenciosas), no qual apresentou uma pesquisa que chegou no seguinte resultado: as palavras, a voz e a linguagem corporal devem estar coerentes entre si. Todavia, se o receptor da mensagem perceber alguma inconsistência entre esses três elementos, o que preponderará será 55% linguagem corporal, 38% voz e 7% palavras. Ele afirma que tudo é importante, mas, para critério de desempate, inconscientemente as pessoas valorizam em primeiro lugar a linguagem corporal, em segundo lugar a forma como se fala, e em terceiro as palavras proferidas. Se você disser: "Eu estou feliz por estar aqui", mas com a "cara fechada" e em tom melancólico, o público entenderá: "Eu não estou feliz por estar aqui".

O ideal é que palavras, voz e linguagem corporal estejam coerentes entre si para potencializar a absorção da mensagem correta por parte do público. Caso haja qualquer incoerência, a comunicação ainda ocorrerá, embora com perda na porcentagem de informação absorvida e aumento considerável de chance de acontecerem ruídos na comunicação.

"O que você fala" faz parte da comunicação verbal. "Como você fala" já faz parte da comunicação não verbal, unindo-se à linguagem corporal. Isso significa que 7% do impacto da sua comunicação são pelas palavras e 93% são pelo que está por trás delas.

A maioria das pessoas preocupa-se APENAS com o que fala (as palavras) – isso resulta num discurso com conteúdo, mas que ninguém consegue prestar atenção. Outro erro seria focar APENAS na comunicação não verbal, que resultaria num discurso sem conteúdo, que apenas entreteria. O ideal é dar conta das palavras (o conteúdo), caprichar no recurso vocal (voz) e falar com o corpo (linguagem corporal), sendo um comunicador completo e efetivo.

A ROUPA E OS ACESSÓRIOS FAZEM O ORADOR?

Responda-me com sinceridade: é algo lógico afirmar que alguém de terno tenha mais conhecimento e/ou se comunique melhor do que alguém de bermuda e chinelo? Não há nenhuma lógica nisso, mas por que dez em dez pessoas fazem esse julgamento? A explicação é que toda comunicação não verbal é processada de forma emocional pelo público, não de forma racional. A roupa garante que o conteúdo seja melhor? Não garante. Quando você racionaliza consegue chegar a essa conclusão. Contudo, você não pode ir para uma apresentação de bermuda e chinelo e dizer: "Meu público, racionalizem, pensem um pouco – a roupa não garante nada". Por isso, já vá para apresentação vestido conforme exija a ocasião.

Interessante frisar que cada pessoa é uma individualidade e possui um modelo mental diferente. Mas existem padrões que são ditos como normais; algo abaixo ou acima das linhas desse padrão é visto como anormal, e o anormal pode chamar mais a atenção do que a própria mensagem e atrapalhá-la. Queira você ou não, uma argola no nariz é um padrão ainda anormal no ambiente corporativo, por exemplo. Pode ser que um dia se torne normal, mas hoje é anormal, e o orador que insistir fazer uma apresentação com uma argola no nariz está arriscando o sucesso da mensagem que deseja transmitir.

CUIDADO COM A INCONSCIÊNCIA

Como são os seus gestos? Como é a sua expressão facial enquanto fala? Sua voz revela segurança ou insegurança? A maioria das pessoas é inconsciente com relação à sua própria comunicação não verbal. Tudo acontece de forma automática; pode ser que você esteja cometendo erros grosseiros e nem saiba. Normalmente esses erros são facilmente corrigidos se você tiver consciência deles. Por isso, acostume-se a filmar suas apresentações e os seus ensaios. Se assista e se conheça, seja consciente em relação à sua voz e ao seu corpo.

A FORMA COMO VOCÊ FALA (38%)

O seu conteúdo pode ser fantástico, mas se você falar dele de forma monótona, sua apresentação estará destruída.

Monotonia é quando a pessoa entra em um padrão de fala. Para quebrar a monotonia, você pode usar a entonação, a ênfase, a variação de volume, a variação de velocidade e a pausa. Além desses, há mais um elemento que caracteriza a forma como você fala: a dicção.

DICÇÃO

Dicção é a maneira de articular as palavras. Quem tem boa dicção pronuncia as palavras claramente. Já quem não tem boa dicção, a coisa que mais escuta é: "o que você falou?"

Para melhorar a dicção, você pode fazer alguns exercícios:

- coloque o dedo indicador dobrado entre os dentes e leia algo durante alguns minutos;
- treine falar corretamente trava-línguas;
- pronuncie as vogais A – E – I – O – U abrindo bem a boca;
- faça exercícios de vibração dos lábios – "brummmm" – agora intercale o "brummmm" com as vogais (brummm a brummm e brummm i brummm o brummm u);

- faça exercícios colocando a língua no céu da boca – "lá lá lá lá lá lá lá";
- faça exercícios enrolando a língua – "trrrrrrrrrrrrrrrrrrrr".

Depois que você fizer esses exercícios, perceberá que sua voz sairá mais naturalmente e que estará pronunciando as palavras de forma mais clara.

ENTONAÇÃO

Entonação é o que dá significado para a mensagem. Você pode falar "está claro" ou "está claro?". Na escrita, o que diferencia a afirmação da pergunta é o ponto de interrogação; na fala, o que diferencia uma afirmação de uma pergunta é a entonação.

As grandes campeãs da entonação são as mães. Elas podem dizer seu nome de várias maneiras diferentes, e do jeito que elas dizem o seu nome, você já sabe se ela está brava ou se está contente com algo que fez ou deixou de fazer.

Narradores de futebol também são bons nisso. Se você não estiver vendo a TV, apenas ouvindo a narração, saberá exatamente quando a bola estiver no meio de campo e quando a bola estiver próxima da área.

Quando atender o telefone, você pode dizer um "alô" seco ou dizer um "alô" mais simpático. O que diferencia os dois é a entonação. Agora coloque-se no lugar de quem ouviu o "alô" seco – você gostou deste "alô"? Com certeza você percebeu que foi um "alô" não muito contente com a ligação. Quando for decidir qual entonação usar, pense: "qual é a minha intenção?" A partir da sua intenção dê o "alô" seco ou o "alô" simpático.

Infelizmente, a maioria das pessoas é inconsciente em relação à entonação que usa. Sabe gente que fala brigando? Talvez nem imagine que sua entonação é agressiva. E muitas pessoas são assim: dizem com vergonha algo que deveriam exprimir orgulho, e com orgulho algo que deveriam exprimir vergonha, por exemplo. É necessário que haja coerência entre o que você estiver verbalizando e a emoção que deseja transmitir. Ninguém diz que está motivado de forma desanimada. E se fizer isso, as pessoas entenderão o oposto do que foi verbalizado. Por isso esteja consciente sobre o que está transmitindo e esforce-se para que o outro receba exatamente a mensagem que você deseja passar. Muitos ruídos de comunicação são causados pela entonação errada.

E o que você demonstra quando fala em nome da empresa em que trabalha? Insatisfação, desânimo, alegria? Está falando como um perdedor ou como um vencedor? Se estiver falando como um perdedor, o público passará a enxergar a empresa como fracassada.

O discurso pode ter uma inflexão de voz para baixo (decrescente) ou para cima (crescente). O ideal é que estas inflexões se alternem eliminando qualquer previsibilidade da sua forma de falar. Você já viu alguém que termine todas as frases com a mesma entonação? Fica horrível. Não faça a mesma alternância de inflexão de voz em todas as frases, porque isso também é um padrão, e sua apresentação torna-se uma canção de ninar.

Outro cuidado que você deve ter é quando for ler listas. Se fizer a mesma inflexão de voz ao final de cada item, entrará num padrão previsível de fala, fazendo o público dispersar e não prestar atenção no que está lendo. Procure a cada item, ou a cada alguns itens, parar e discorrer sobre eles, quebrando o padrão estabelecido.

A inflexão de voz revela quando um raciocínio está sendo concluído. Se sua inflexão não fizer isso, pode ser que inconscientemente você coloque um "tá ok?", "certo?", ou "né?" ao final da frase, buscando obter esse fechamento. Isso significa que a monotonia favorece o surgimento de vícios de linguagem. Cuidado com isso também.

ÊNFASE

As palavras de uma frase não são todas iguais – algumas palavras são mais importantes do que as outras. Essas palavras mais importantes merecem mais destaque. Pronunciar um discurso, dando o mesmo peso para todas as palavras, possui um efeito hipnótico, e em pouco tempo as pessoas estarão bocejando. O destaque de palavras gera emoção no discurso, pois deixa bem claro o que é mais importante. Não se trata de um blá-blá-blá tudo igual.

Observe a frase: "Eu fechei o negócio para amanhã". É possível falar da seguinte maneira: "**Eu** fechei o negócio para amanhã" ou "Eu fechei o negócio para **amanhã**". No primeiro exemplo quero destacar que quem fechou o negócio fui eu. No segundo exemplo quero destacar que existe urgência, pois é para amanhã. Qual é a minha intenção ao proferir essa frase? Dependendo da minha intenção é que vou escolher o que destacar. Isso tudo é muito rápido. Destacando alguma palavra, você conduz o público para pensar o mais parecido com você. Sem destaque algum, o público poderá interpretar algo diferente do que você quis dizer; aliás, o entendimento errado pode ser terrível. Uma mesma frase pode dizer muita coisa diferente – observe o exemplo: "**Nosso jornal** não disse que ele desviou um milhão" (nosso jornal não, mas outra pessoa pode ter dito); "Nosso jornal não disse que **ele** desviou um milhão" (pode ter sido outra pessoa); "Nosso jornal não disse que ele desviou **um milhão**" (pode ter sido outra quantia). Percebe a importância do destaque? Sem o destaque correto, os ruídos de comunicação podem ser graves.

Uma pessoa empolgada pelo que está falando, usará naturalmente ênfase nas principais palavras. E ao usar ênfase, todo o corpo reage. Se você disser, por exemplo: "Eu **amo** viajar", nem precisa forçar uma gesticulação. O corpo vai querer falar junto com você.

VOLUME

Todos conhecem oradores que falam baixo – a voz baixa deixa o público com sono. Todos conhecem oradores que falam alto – a voz alta pode irritar. O ideal é alternar o volume da voz: essa alternância é importante para manter a atenção do público.

Fale em um volume apropriado ao ambiente, de forma que todos possam ouvi-lo; não fale baixo diante de um público numeroso e não aumente o volume em demasia para poucos que estiverem à sua frente. Use o bom senso. A seguir uma dica adaptada de Reinaldo Polito: sempre fale como se houvesse 20 pessoas a mais no ambiente – se tiver 30, fale como se tivesse 50; se tiver 80, fale como se tivesse 100 – esse volume a mais evidencia sua empolgação pelo tema e torna a sua voz firme, passando segurança para o público.

Quando começar a falar e observar que as pessoas lá no fundo estão se esforçando para ouvir algo, é interessante aumentar o volume. Se as pessoas da frente estiverem com aquela expressão facial de incômodo por causa da fala alta, é interessante diminuir o volume.

A acústica do local e a distância a que as pessoas mais ao fundo do auditório estiverem de você são fatores que influenciarão no uso de microfone ou não. De preferência, verifique se usará microfone e faça a regulagem antes de iniciar a apresentação.

Se estiver utilizando microfone, é aconselhável continuar impostando bem a voz e manter o microfone um pouco mais longe da boca do que falar suavemente próximo dele.

Fitzherbert diz que nossa projeção de voz deve corresponder ao setor do auditório que estamos olhando. Se você olhar para o fundo, projete mais a voz. Se olhar para as primeiras fileiras, diminua a projeção. Isso auxilia na necessária alternância do volume da voz.

Cuidado com as oscilações de volume de fala alta para baixa e de baixa para alta – essas oscilações não podem ser abruptas. Se você estiver falando mais alto e de repente começar a falar mais baixo, é estranho, mas aceitável. Se você estiver falando baixo e de repente começar a falar mais alto, você pode assustar as pessoas – não faça isso!

VELOCIDADE

Leia sobre velocidade da fala no Capítulo 2.

PAUSA

Leia sobre pausa no Capítulo 2.

LINGUAGEM CORPORAL (55%)

Imagine que você foi a um jantar de família. Há muita gente na casa da sua tia. Apenas observando as pessoas, você já percebe muito sobre elas. Tem um tio seu que parece irritado. O seu avô está tranquilo, mas a sua avó está tensa. Quando seu primo veio lhe cumprimentar, você percebeu a alegria dele ao vê-lo. Dali a pouco chegou outro primo para lhe cumprimentar, mas este não esboçou a mesma satisfação. Disso conclui-se que o corpo fala. Nossa aparência, nossa postura, nossos gestos, nossa expressão facial e nossa movimentação revelam fatos que muitas vezes não verbalizamos.

A maior parte do impacto da sua comunicação não exige que você sequer abra a boca. Isso significa que desde o momento em que você chega para se apresentar, você já está transmitindo uma impressão positiva ou negativa. Procure fazer com que esta impressão seja positiva. Chegando ao local, cumprimente todos e caminhe com confiança, não hesite na postura ou no olhar. Desta forma, as pessoas verão você como alguém determinado, seguro de si e apto a lhes acrescentar algo por meio da apresentação. Se você chegar de cabeça baixa, desviando o olhar e falando baixo, as pessoas verão você como alguém inseguro e inapto a acrescentar-lhes qualquer coisa por meio da sua fala. É possível mudar uma primeira impressão? Sim, é possível, porém o seu trabalho fica mais complicado, pois terá que conquistar pessoas que estarão desconfiadas de sua credibilidade como orador.

O que você quer expressar?

É confiança? Então olhe, cumprimente, caminhe e tenha sua postura inspirando confiança. O que você quiser expressar, seu corpo precisa demonstrar.

A linguagem corporal envolve **aparência** (o que pode ser estendido para vestimenta), **postura**, **gesticulação**, **expressão facial** (olhar e sorriso) e **movimentação**.

APARÊNCIA

Sua face revela que você está desanimado ou contente? Que está há dois dias sem dormir ou bem-disposto?

Se você for homem, como está a sua barba? O ideal é não ter barba ou cuidar muito bem dela. Aquela barba por fazer, típica de quem é relaxado, transmite uma imagem negativa para o público.

Se você for mulher, como está a sua maquiagem? Pode ser que você se transforme em outra pessoa estando maquiada, mas que tipo de imagem você quer transmitir? Lembrando que o excesso de maquiagem não é interessante, justamente por chamar demais a atenção.

Falando em chamar a atenção, e o cabelo? O ideal é que o cabelo seja neutro. Isso quer dizer que é interessante que você não fique conhecido como o orador daquele determinado tipo de cabelo ou penteado. Caso isso aconteça, significa que seu cabelo virou seu concorrente e está chamando mais atenção do que você ou do que a mensagem, o que não é bom.

VESTIMENTA

No início deste capítulo questionamos se a roupa e os acessórios fazem o orador. O público espera que a aparência do orador esteja dentro de um padrão, sendo que qualquer coisa fora do padrão de "normalidade" para a ocasião pode chocar. O público para de prestar a atenção na mensagem para olhar o que está chocando. Ou seja, essa roupa diferente vira concorrente do orador na disputa pela atenção.

É claro que haverá um *youtuber* famoso que se apresentará com uma calça laranja, camisa florida e cabelo azul. Mas ele é exceção. Já imaginou se você apresentasse desta maneira o balanço anual da sua empresa?

A seguir estão dicas para você se vestir adequadamente:

- existe um "dress code" (roupa exigida para o ocasião)? Se tiver, siga-o;

- qual é a roupa que maior parte do público usará? Você, homem, pense como os homens se vestirão. Você, mulher, pense como as mulheres se vestirão. Fazendo isso não há como errar;

- prefira roupas e acessórios neutros, que não sejam tão chamativos;

- não vista roupas amassadas, pois isso sugere desleixo;

- use roupas que te deixem confortável, pois isso aumenta sua segurança;

- evite roupas que pressionem a região da garganta, o que dificulta a fala;

- homens: evitem meias curtas que mostrem seu tornozelo quando estiver sentado;

- mulheres: evitem decotes e saias que mostrem o joelho quando sentadas;

- use roupas apropriadas à ocasião – não faz sentido ir de terno a um piquenique ou ir de bermuda a uma reunião de executivos;

- cuidado com roupas que manchem a sua imagem e a imagem da instituição que você está representando.

POSTURA

Conscientemente ou inconscientemente, a partir da sua postura o público fará uma leitura sobre você. Koegel diz que a postura é um indicador da confiança, do relaxamento, da experiência e da atitude de um orador.

Para muitos oradores, o que fazer com o corpo representa uma grande dificuldade – parece que ele serviu apenas para levar a cabeça até àquele local. Quando não há púlpito, o problema se agrava ainda mais. A seguir há dicas do que fazer com o seu corpo durante uma apresentação:

- se você estiver com a cabeça baixa e corpo curvado para frente, estará apresentando a postura de alguém fracassado, colocando em xeque sua credibilidade. Além disso, qualquer tensão no ombro dificultará a gesticulação. Se você estiver com a cabeça levantada, olhando por cima das pessoas ou com o corpo curvado para trás, estará apresentando a postura de alguém arrogante, o que afastará o público. O ideal é ter uma postura equilibrada, com a cabeça erguida e olhando nos olhos das pessoas da plateia, mesclando uma atitude vencedora e humilde;

- não fique apoiado em apenas uma das pernas. Susan Weinschenk diz que ficar sustentado em uma perna revela falta de segurança e diminui a autoridade do orador;

- não fique com as pernas muito abertas, porque é deselegante. Não fique com as pernas fechadas, porque isso pode prejudicar o equilíbrio e você começará a balançar. Os pés devem ficar separados um do outro, como que alinhados aos ombros;

- muitos oradores balançam como um pêndulo enquanto falam e isso desvia a atenção do público. Se por um bom tempo seus dois pés estiverem apontando para frente, o equilíbrio fica prejudicado. Fitzherbert cita Steve Cohen, que ensina como ficar em pé, de forma equilibrada, sem se balançar e sem ficar com o apoio em apenas uma das pernas – ele sugere deixar os pés em um ângulo de 45º;

- sempre que for virar para um lado do auditório, não vire apenas a cabeça. Virar os ombros é como que convidar as pessoas a participarem da conversa. Além disso, isto também auxilia a estabilizar os pés no chão e não parecer um pêndulo;

- se você estiver parado, seus pés têm que estar no chão, sem qualquer hesitação;

- não se escore na parede, na mesa nem no púlpito;

- cuidado para não quebrar o seu quadril para um dos lados;

- braços cruzados ou pernas cruzadas sugerem que você está fechado ou na defensiva. Prefira a postura aberta – quanto mais vulnerável você parecer, mais força transparecerá. Postura aberta significa que não há barreiras entre orador e público;

- treine postura em todos os momentos, inclusive em uma fila, por exemplo. Aproveite para observar a postura dos outros e o que o corpo destas pessoas está falando.

📌 POSTURA NO PÚLPITO

Koegel afirma que o púlpito é uma barreira e, como tal, atrapalha na comunicação. Susan Weinschenk defende que barreiras diminuem a confiança do público no orador e sugere que o orador se mostre por inteiro, evidenciando segurança e autoridade. Com isso, se você tiver que falar atrás de um púlpito, capriche na expressão facial, nos gestos, no recurso vocal e até na movimentação. Alguns contextos permitem que você saia detrás do púlpito para falar alguma coisa importante, em um momento mais íntimo com o auditório, estando mais vulnerável. Terminou de falar esse algo importante, é possível retornar para detrás do púlpito e repetir essa operação outras tantas vezes que julgar necessário.

Os cuidados que você deve ter ao falar atrás de um púlpito são os seguintes:

- caso você tenha uma estatura baixa, veja se a organização possui uma caixa de madeira ou algo similar para você subir e assim não ficar escondido atrás do púlpito;
- não encoste sua barriga no púlpito, sobretudo se você tiver olhando para a tela do computador ou para anotações. Quanto mais perto do púlpito estiver, essas olhadelas ficarão mais evidentes, pois você precisará praticamente olhar para baixo. Caso você dê uma distância do púlpito, o público achará que você está

olhando para as pessoas da primeira fileira quando der aquela olhadela na sua "cola";

- não fale segurando a borda do púlpito – isso revela tensão;
- não se debruce no púlpito. A diferença entre apoiar e debruçar é a seguinte: caso tirem o púlpito, você cairia? Se sim, é porque está se debruçando.

GESTICULAÇÃO

Leia sobre gesticulação no Capítulo 4.

EXPRESSÃO FACIAL (OLHAR E SORRISO)

Como é a sua expressão facial ao falar em público? Provavelmente você não saiba. Filme um ensaio ou uma apresentação sua e repare. Muitos oradores fazem a mesma expressão facial ao falar de coisas alegres ou de coisas tristes, o que é inacreditável.

Muitos têm uma expressão facial não muito convidativa e nem percebem, podendo corrigir isso facilmente caso tenham ciência do fato. Aqui abre-se um parênteses: é possível que no público exista alguém com "cara de que não está gostando", quando na verdade é apenas um vício de expressão facial que tal pessoa possui, podendo ser justamente essa pessoa, "de cara feia", que puxe os aplausos ao final da sua apresentação. Fecha-se os parênteses.

Ao falar em público, você não está jogando pôquer. No pôquer, não importa as cartas que venham, você não deve transparecer nada para os seus adversários. Essa "poker face" ("cara de paisagem") não faz sentido em uma fala em público.

A expressão facial deve acompanhar o que está sendo falado. Por isso, ela não pode ser linear. Ao falar de assuntos leves, sorria. Ao falar de assuntos mais tensos, fique mais sério. Desta forma você conseguirá obter credibilidade. É comum oradores, quando vão falar em público, apertarem o botão "modo orador" e ficarem sérios na hora. E aí esse orador anunciará que a equipe atingiu a meta do ano, falando de forma séria. Isto está errado – ele deve anunciar isso animadamente.

OLHAR

Leia sobre olhar no Capítulo 3.

SORRISO

Para Koegel, um sorriso transmite a mensagem de que você está relaxado, confiante, acessível e preparado.

O sorriso deixa o clima mais leve e, como consequência, o público sente-se mais confortável.

Quer um auditório que sorria para você? Sorria para o auditório. Em um grupo de pessoas, quando uma delas boceja, as outras involuntariamente começam a bocejar. Segundo Eduardo Adas, Rogério Chequer, Sabrina Mello e Tatiana Vial, os responsáveis por isso são os neurônios-espelho, que estão distribuídos em partes essenciais do cérebro, como as áreas responsáveis pela linguagem, pela empatia e pela dor. Por causa dos neurônios-espelho, será mais fácil o auditório sorrir para você se você sorrir para ele.

Entretanto, já viu gente que parece ter o sorriso congelado? É um sorriso que não dá para confiar. O sorriso precisa ser sincero e natural. Cuidado com o sorriso mentiroso – as pessoas percebem que ele é artificial e você perde credibilidade. Sorriso é bom, mas só é bom se for verdadeiro.

Você pode mostrar os dentes para sorrir, desde que isso não soe forçado. Contudo, um simples levantar de bochechas, mesmo com a boca fechada, já é percebido de forma positiva pelo público.

MOVIMENTAÇÃO

É interessante que haja movimentação do orador desde que tenha um objetivo para isso. Caminhar por caminhar apenas fará o orador parecer confuso e o público perder a atenção.

Quais são os objetivos que levam uma pessoa a se movimentar?

- 🎤 preencher o espaço – Fitzherbert diz que quanto maior o palco, maior a necessidade de se movimentar para preencher o espaço. Logicamente, se houver projeção, você não ficará passando na frente dela;

- 🎤 chamar a atenção de alguém desatento – caso o auditório seja largo, se movimentar é uma forma para chamar a atenção de pessoas desatentas em um dos lados do auditório. Se alguém estiver querendo olhar o celular, por exemplo, ficará constrangido ao fazer isso se você estiver próximo;

- 🎤 dar ênfase a determinado assunto – é interessante a estratégia de se posicionar em um lugar diferente para falar sobre uma mensagem-chave do conteúdo. Ao término da mensagem, volta-se à posição original;

- 🎤 mostrar que está mudando de tópico – isso se chama "geomarcação". Você pode usar um lado do palco para falar de assuntos mais sérios e um lado para falar de assuntos mais leves. Isso acostuma o público e quando você se dirige para o lado sério, ele já se prepara, porque sabe que lá vem. Você também pode fazer um quadro comparativo entre passado, presente e futuro, situando-se em pontos diferentes do seu espaço para designar cada tempo. A geomarcação frisa bem os tópicos de uma apresentação, o que auxilia na assimilação de quem está assistindo. Isso funciona porque a maioria das pessoas é visual;

🗨 quebrar a monotonia – o orador mudar conscientemente de lugar é uma forma de fazer com que o público fique ligado. A movimentação deixa o cérebro atento.

Caso você opte pela não movimentação, por causa do contexto, terá que potencializar outros meios, como o recurso vocal, a gesticulação e a expressão facial para manter a atenção do público.

A movimentação depende do quão formal é a ocasião: toda linguagem corporal deve adequar-se ao formato do evento. Por vezes, sair do convencional surpreende e tem um efeito positivo e, outras vezes, o efeito é negativo. Reflita se vale a pena sair do padrão.

Se for se movimentar, mova-se sem hesitação. Quando o orador se movimenta, o público o acompanha com o olhar. Esse movimento não pode ser brusco e exagerado, nem no momento de caminhar, nem no momento de parar.

Quando for falar algo impactante, certifique-se que esteja parado. A movimentação deve ser coerente com o que se fala – ninguém fala de futuro ou de mudança positiva e vai para trás. Se for, significa que não há boa perspectiva de futuro ou que a mudança é na verdade negativa, mesmo que você verbalize algo otimista. Inconscientemente o público se questionará se pode confiar em você, já que você diz uma coisa e faz outra.

Na comunicação, o seu objetivo é tornar uma mensagem comum, por isso não basta falar. É preciso saber de que maneira falar e usar o corpo para auxiliar na transmissão da mensagem. Em relação ao conteúdo, que representa a comunicação verbal, como existem oradores que menosprezam a arte de falar em público, não se preparando adequadamente. Em relação a de que maneira falar e à linguagem corporal, que representam a comunicação não verbal, como existem oradores que não se conhecem e não têm ideia do seu potencial comunicativo e, quando chega o momento da apresentação, não se entregam como deveriam. Não é à toa que todos nós já vimos tantas apresentações sofríveis em nossas vidas, tediosas e propícias aos ruídos de comunicação.

CAPÍTULO 2
CALMA, THE FLASH

Patrícia é acadêmica de pedagogia e vai apresentar seu TCC (Trabalho de Conclusão de Curso). Ela ensaiou muito, tanto sozinha como com outras pessoas e, em média, suas "apresentações-ensaios" duravam 16 minutos. A orientação era de que sua apresentação para valer durasse 15 minutos. Quando chegou o dia de apresentar-se para a banca, na hora H ela falou por 5 minutos e 47 segundos (quase 1/3 do tempo que deveria). E não foi só isso: o pior foram "os brancos" que ela teve. Os professores não reconheciam Patrícia, a aluna dedicada de sempre. E Patrícia não reconhecia sua voz, pois estava travada e não saía como de costume.

Patrícia foi bem avaliada com relação ao seu trabalho escrito, e os professores gostariam de dar uma nota 10 para ela – todavia, por causa da sua apresentação, sua nota deveria cair bastante. Um dos professores da banca avaliadora dominava a arte da oratória e sugeriu para os colegas dar uma chance para Patrícia – ela poderia se reapresentar no dia seguinte. Esse professor chamou Patrícia no particular e lhe disse: "Patrícia, você tem domínio sobre o assunto, seus slides estão bem elaborados, mas hoje o seu problema foi de nervosismo e de oxigênio". Patrícia não entendeu o que o professor quis dizer com "oxigênio" e lhe pediu maiores explicações. Ele argumentou: "O seu nervosismo está fazendo você falar muito rápido, e sem pausas, e não está tendo tempo para respirar. No ato de falar, está expirando (expelindo o ar), e quando se fala rápido e sem pausas, chega a faltar ar. A pessoa pode ficar ofegante mesmo estando parada. O oxigênio é a base da sua voz – e por isso você está com sua voz travada. Além disso, sem oxigênio, seu cérebro não consegue raciocinar corretamente – e por isso te deu tanto 'branco'. A dica que estou te dando é simples: relaxe, ninguém aqui vai te fazer mal algum. Apenas nos mostre o que você sabe. Converse conosco sobre esse assunto que você está pesquisando há tanto tempo. E não fale tão rápido: faça pausas, respire. Você verá que seu desempenho será muito melhor".

No dia seguinte, realmente a sua apresentação foi muito melhor. Ela falou por 14 minutos e 50 segundos. Não teve "brancos", todos entendiam o que ela falava, e ela sentia que sua voz fluía naturalmente. Diminuir a velocidade e colocar pausas na fala resolveu seu problema. Com isso, os professores ficaram bem à vontade para lhe dar nota 10.

A seguir estão toques, alguns já dados pelo professor da Patrícia, e outros mais, que vão tanto para ela, quanto para você, leitor, que deseja ser um orador impactante.

VELOCIDADE DA FALA

O orador que fala rápido faz com que as pessoas divaguem e não consigam assimilar a mensagem. O orador que fala devagar causa sono e deixa o público impaciente, visto que nesse caso a velocidade da compreensão das pessoas é bem maior do que a velocidade de articulação do orador.

Se falar rápido não é interessante e falar devagar também não, o que é o ideal? Se você pensou que o correto é a velocidade média, errou a resposta. O ideal é fugir da "monovelocidade". Em alguns momentos, empregue um ritmo mais vibrante e em outros um ritmo mais lento, realizando uma alternância de velocidade. Isso auxilia o orador a prender a atenção do público.

Se o ideal é a alternância de velocidade, o que eu devo falar mais rápido e o que eu devo falar mais devagar? Um critério que pode ser utilizado é o seguinte: aquilo que for mais facilmente compreendido, fale mais rapidamente, e aquilo que for mais complicado, fale mais lentamente, facilitando a absorção.

⸮ DIFICULDADES DE QUEM FALA RÁPIDO

As pessoas que falam rápido costumam ter quatro problemas: o primeiro deles é em relação à respiração – foi o que o professor da Patrícia lhe falou – a fala rápida faz você respirar menos, o que faz com que você tenha menos oxigênio, acarretando em "brancos" (falta de oxigênio no cérebro) e em voz travada (falta de oxigênio para a voz).

O segundo problema é em relação à dicção, que significa maneira de articular ou pronunciar bem as palavras. A dicção é importante para todos os tipos de fala, mas é na fala rápida que estamos mais sujeitos a tropeçar nas palavras. Treine trava-línguas para ficar com a dicção tinindo.

O terceiro problema de quem fala rápido é a entonação, que significa maneira de emitir um som, fazendo a inflexão de voz e dando significado à fala. É por meio da entonação que é possível distinguir em uma fala o que é uma afirmação e o que é uma interrogação. A entonação é importante em todos os tipos de fala, mas na fala rápida estamos mais sujeitos a falar de uma forma que as pessoas não compreendam o que queremos dizer ou quando encerramos uma ideia. Para deixar sua entonação tinindo, você pode se gravar falando frases, buscando exprimir diferentes sentimentos por meio da sua fala – por exemplo, diga "Fui eu quem fiz" tentando exprimir vergonha e na sequência tentando exprimir orgulho. Faça isso com várias frases e vários sentimentos. Outra dica que nos força a fazer a entonação correta é usar pausa entre as frases.

O quarto problema de quem fala rápido, é dizer algo impactante e isso "passar batido" pelas pessoas. O ideal é não falar tão rápido nesses momentos, para que assim suas mensagens principais não sejam perdidas.

DIFICULDADES DE QUEM FALA DEVAGAR

As pessoas que falam devagar costumam ter três problemas: o primeiro é que quem fala devagar, ao fazer pausas, costuma olhar para baixo – não faça isso: permaneça olhando para o público.

O segundo problema é que quem fala devagar, ao fazer pausas, está propenso a fazer pausas vocalizadas ("ééééé", "ãããã"). Jamais faça pausas vocalizadas.

O terceiro problema é que quem fala devagar não costuma destacar palavra alguma e diz uma frase inteira dando a mesma importância para todas as palavras. Destaque as palavras mais importantes de uma frase, o que quebra qualquer ritmo monótono.

ORADORES INICIANTES

É comum que oradores iniciantes falem mais rápido e façam menos pausas – isso é resultado do nervosismo e da pressa para terminar logo a apresentação.

Imagine que a pessoa já está nervosa – aí por falar rápido, ela fica sem oxigênio – a voz trava e o cérebro não raciocina direito. Se o nervosismo dela estava nível 10, agora ficará nível 20. Dali a instantes, ficará nível 30, e assim por diante, até terminar a apresentação. Isso explica muitos fiascos feitos por oradores iniciantes, que talvez tenham conhecimento e empolgação pelo assunto. Entretanto, um detalhezinho técnico destrói sua apresentação.

Koegel afirma que oradores fora de série não têm pressa para terminar – eles fazem pausas, respiram e articulam o pensamento. Isso não significa falar devagar – significa simplesmente que nada "sai atropelado".

Lembre-se: invista sempre na alternância entre o ritmo vibrante e o ritmo calmo para fugir da "monovelocidade".

PÚBLICO NUMEROSO

Caso o público seja numeroso, ainda assim fuja da monovelocidade, mas segure um pouco seu ritmo e fale um pouco mais devagar, pois as pessoas mal enxergam você e perdem muito da sua linguagem corporal.

PAUSAS

Pausa seria o tempo curto entre uma frase e outra. Vamos deixar bem claro que não estamos falando de *coffee break*. A pausa é um elemento didático que divide a apresentação em blocos. A pausa costuma ir no momento em que entraria uma vírgula ou um ponto. Se você fala sem pausa, com um discurso corrido, é similar a um texto sem pontuação.

EVITE A PAUSA VOCALIZADA

Sabe aquela pessoa que fica falando "ééééé" ou "ãããã" entre as frases? Ela está fazendo uma pausa vocalizada, que não é nada legal. Algumas dessas pessoas fazem conscientemente e outras não. Se você sabe que faz isto, pare. Se você não tem certeza se faz isto, pergunte para os outros se você faz ou grave sua apresentação – a partir do momento que você passa a ter consciência, fica mais fácil eliminar o erro. Substitua a pausa vocalizada pela pausa silenciosa.

TEMPO DE UMA PAUSA

Muitos acham que o silêncio ocasionado pela pausa é ruim, justamente pelo medo do julgamento – pensam que o público interpretará essa pausa como "branco", falta de preparo ou falta de conhecimento.

O tempo é relativo – a mesma fração de tempo pode estar adequada para um orador experiente e representar uma eternidade para um orador iniciante. Pode ser que o público sinta aquele tempo de pausa como adequado, mas um orador iniciante o sinta como um silêncio sem fim.

"Qual é o tempo correto de uma pausa?". Depende muito do que você acabou de dizer – se for algo impactante, a pausa deve ser maior. John Collins diz que uma pausa deve ter o tempo necessário para as pessoas assimilarem a mensagem – e neste momento você olha para elas, como se estivesse a perguntar sem usar palavras: "*entenderam?*".

Com o tempo, o orador acostuma-se com a pausa e não se sente mais constrangido com ela. O orador vai desenvolvendo o *feeling* do tempo de cada pausa. Apenas para não parecer tão subjetivo, podemos dizer que as pausas podem variar de menos de um segundo a três segundos.

BENEFÍCIOS DA PAUSA

A pausa marca a transição entre o fim de uma ideia e o começo de outra. Segundo Mark Twain: "*a palavra certa pode ser eficaz, mas nenhuma palavra nunca foi tão eficaz quanto uma pausa perfeitamente cronometrada*".

Utilizar pausas gera muitos benefícios para o orador e para o público, a citar:

1º) no tempo da pausa, as pessoas podem assimilar o que foi dito;

2º) no tempo da pausa, o público fica na expectativa do que será falado na sequência – e por isso a pausa é um importante fator de retenção da atenção;

3º) a pausa valoriza a fala impactante – quando se fala tudo muito rapidamente, coisas importantes se perdem. Os pontos impactantes não podem ser desperdiçados;

4º) se no ato de falar o orador está expirando, na pausa ele tem tempo para inspirar, e absorver o oxigênio necessário para raciocinar melhor, potencializar a voz e aliviar a tensão;

5º) na pausa o orador tem tempo para refletir sobre o que falará na sequência, e isso evita o "branco";

6º) o discurso corrido (sem pausas) deixa o público ansioso – a pausa tranquiliza as pessoas;

7º) diante do público, existe uma tendência de se acelerar a fala – com as pausas, acerta-se o ritmo correto para a apresentação;

8º) por dividir a fala em partes, a pausa deixa o discurso mais estruturado;

9º) com pausas é mais fácil destacar as palavras mais importantes de uma frase.

BOM SENSO NAS PAUSAS

Logicamente que é preciso ter bom senso no uso de pausas – ao mesmo tempo que o discurso sem paradas é horrível, um discurso com excesso de pausas também fica difícil de aturar – a fala se torna por demais atravancada.

Na próxima vez em que ficar diante do público, não ligue o modo "turbo". Não há motivo para querer que a situação termine logo. Você está ali transmitindo uma importante mensagem. Se você foi convidado, significa que está ali por estar preparado.

Você pode escolher uma entre estas duas opções:

1º) fazer "correndo" e mal feito, deixando uma má impressão e tornando complicada a tarefa do público assimilar sua mensagem;

2º) fazer bem-feito, "sem atropelo", com alternância de velocidade e utilizando pausas, deixando uma boa impressão e facilitando para que o público assimile a mensagem. Com certeza, é mais inteligente escolher a segunda delas. Calma, The Flash.

CAPÍTULO 3

"LONGE DOS OLHOS, LONGE DA ALMA"

Valentina está no quinto ano do Ensino Fundamental. Em um trabalho de Geografia, seu grupo tinha que falar sobre o continente africano e, na sua vez, ela falou por dois minutos olhando para a apostila, para o chão ou para o professor, sendo que na sala havia mais 30 alunos. Valéria é a mãe de Valentina. Ela, no mesmo dia, teve que apresentar um projeto novo para o Departamento de Marketing da sua empresa. Valéria falou por 15 minutos olhando para a projeção de seus slides, para o chão ou para o diretor de Marketing, sendo que na sala havia mais sete pessoas.

Mãe e filha: 30 anos de diferença de uma para a outra; ambas cometeram os mesmos erros graves em suas apresentações – olhar tempo demais para o recurso de apoio, olhar para o chão demonstrando hesitação e focar apenas em uma pessoa (aquela que elas julgavam ser a mais importante).

Não que o professor não tenha destaque frente à turma, ou o diretor, perante os demais componentes do departamento, mas todos que estão na sala merecem ser valorizados. Imagine você conversando com a pessoa A e com a pessoa B. Enquanto a pessoa A fala, ela olha apenas para a pessoa B, menosprezando sua presença. O que você sentiria? Foi assim que os 30 colegas de Valentina e os outros sete funcionários da empresa se sentiram. Eles todos pensaram: "Se ela não está falando para mim, por que devo prestar atenção?". Os 30 colegas de Valentina começaram a interagir entre si, o barulho da sala aumentou até que o professor interveio pedindo silêncio. Já os sete funcionários da empresa de Valéria não fizeram nenhuma bagunça, mas a chance de realmente estarem prestando atenção na apresentação era praticamente zero.

A nota de Valentina não foi alta, por causa dessas falhas cometidas e outras tantas. E o projeto de Valéria não foi aprovado, até porque entre os sete funcionários menosprezados, havia um que influenciava sobremaneira nas decisões do diretor.

A seguir apresentamos toques que vão tanto para a Valentina e a Valéria quanto para você, leitor, que deseja ser um orador impactante.

🎤 CONEXÃO

É por meio do olhar que podemos saber se o orador está conectado com o público. Essa conexão é imprescindível e muitos oradores pecam em suas apresentações simplesmente pela falta do "olhar".

Interessante que Valentina e Valéria olharam para três pontos que devemos analisar:

1. olhar para o recurso de apoio – até pode, mas dentro de um limite. Quanto mais eu olhar o recurso de apoio, menos olharei para o público, ou seja, quanto mais olhar o recurso de apoio, menor é a conexão;

2. olhar para o chão – não pode de jeito nenhum. Para que olhar para o chão? Isso apenas sugere hesitação;

3. olhar para uma única pessoa – não pode, pois desta forma sua conexão com todas as outras será nula.

Já viu um equilibrista de prato? Ele dá atenção para um prato, depois para o outro, e depois para outro, e desta maneira consegue sustentar vários pratos simultaneamente. Caso ele ficasse exclusivamente em um só prato, todos os outros cairiam e quebrariam. Imagine que entre seus olhos e os olhos do seu público existe um fio imaginário: esse fio é o que mantém vocês conectados. E para cada pessoa, um fio. Por isso que se deve dar atenção a todos os setores do auditório – se um determinado setor é deixado de lado, o fio entre o orador e essas pessoas afrouxa-se.]]

PARA ONDE OLHAR?

Olhe para todos os lados do seu auditório. Se você olhar apenas para o lado direito, as pessoas do lado esquerdo se sentirão menosprezadas. O mesmo acontecerá se olhar apenas para as pessoas da frente e esquecer daqueles que estão no fundo.

Em um auditório grande, divida-o em setores e olhe um pouco para cada setor. As pessoas que estão no setor que você olhou se sentirão prestigiadas e, em virtude da distância que estão de você, inclusive acreditarão que você realmente estava olhando para elas, quando na verdade estava olhando apenas o setor. Não é necessário olhar para todas as pessoas que estão lhe assistindo. Intercale o seu olhar: um pouco para cada setor, de forma aleatória.

Desta forma você criará um clima de pertencimento para todos os que estão assistindo a sua apresentação.

OLHAR POR QUANTO TEMPO?

O tempo do olhar é algo subjetivo – não pode ser tão longo a ponto de constranger ou ameaçar, nem tão curto evidenciando inquietação, não dando tempo sequer de estabelecer conexão.

Uma boa dica é: quando alguém começar a balançar a cabeça afirmativamente ou sorrir, indica que esta pessoa já está conectada e você pode olhar para outra pessoa. Isso não significa que você tenha que ficar olhando para alguém até que ela balance a cabeça ou sorria – não é isso.

Olhe pelo tempo correto para o maior número de pessoas. O *feeling* da duração do olhar é desenvolvido por meio da experiência.

GIRE O TRONCO TAMBÉM

Quando for olhar para um lado, gire também o tronco, quebrando qualquer rigidez na postura.

Susan Weinschenk afirma que você precisa ficar de frente para o público, ou no máximo em um ângulo de até 45°. Ficar virado em um ângulo superior a isso desconecta orador e público: seria como conversar com alguém de costas para você – é estranho.

RETENÇÃO DE ATENÇÃO

O contato visual e a retenção de atenção são diretamente proporcionais: quanto menor o contato visual, menor é a atenção. Isso porque existe um princípio, enunciado por John Ramsay e citado por Fitzherbert: *"Se você quiser que as pessoas olhem para você, olhe para elas"*. Esse princípio aponta que se o orador não está olhando para o público, o público não tem necessidade de olhar para o orador (ou de dar atenção a ele).

E, se por acaso houver alguém no público dispersso, olhar para essa pessoa pode trazê-la de volta ao momento presente, interrompendo qualquer divagação.

OLHAR E CREDIBILIDADE

Carmine Gallo afirma que pesquisas científicas relacionam contato visual com honestidade, confiança, sinceridade e segurança. Já a falta de contato visual sugere o oposto – desonestidade, desconfiança, falta de sinceridade e insegurança. Você quer credibilidade? Então olhe para o público.

FEEDBACK

O público não é passivo e está o tempo todo comunicando algo para o orador – é isso que chamamos de feedback da apresentação.

Olhar para o público é a fonte mais rica de feedback e assim compreender o que o público está achando de nossa fala. Por isso, não olhe apenas para os que te sorriem e balançam a cabeça afirmativamente. É importante que o feedback seja imparcial. Oradores iniciantes têm o costume de evitar olhar para aqueles que estão com uma postura menos amistosa, mas isso é ter um feedback manipulado e pela metade.

Nem sempre o que você preparou vai interessar o público ou ser compreensível. É por meio desse feedback que você poderá mudar a sua estratégia de apresentação durante a fala e reconquistar o público.

Contudo, é sempre interessante ter bom senso. Às vezes muitas pessoas comunicam algo com a expressão facial, por exemplo, bem diferente do que elas realmente estão sentindo. Também pode acontecer que a pessoa lhe dando um feedback negativo possa ter dormido mal ou estar preocupada com algo e, no final das contas, ser a que mais está aproveitando a sua apresentação. É ela que puxará os aplausos ou virá conversar com você no final, de tão interessada que ela ficou. Por isso, bom senso. Se uma ou duas pessoas lhe derem um feedback negativo, não se alarme. Mas se a maioria do público está te dando um feedback negativo, é de fato a hora de rever sua estratégia.

E SE VOCÊ NÃO ENXERGAR O PÚBLICO?

Caso você esteja em um auditório cuja iluminação não permite enxergar as pessoas, saiba que elas estão lhe vendo bem e você deve simular que está as vendo também, fazendo "contato visual" com elas mesmo sem as enxergar. Quem estiver na sua visão, pensará que você está olhando diretamente para ela.

DIFICULDADE DE OLHAR NOS OLHOS DOS OUTROS

Há pessoas com dificuldade de olhar no olho das outras. Se esse for o seu caso, não siga aquela "dica furada" de olhar para o horizonte, pois fica horrível, o orador parece um louco e não se está fazendo conexão alguma com ninguém.

Treine nas conversas cotidianas olhar nos olhos das pessoas, nem que seja por um curto espaço de tempo. Então, aumente esse tempo gradativamente até que você se sinta confortável e isso não represente mais uma dificuldade para você.

✏ OLHAR RECURSOS

Fitzherbert defende que o público olhará para onde você olhar, para onde apontar ou para onde dizer para olhar.

Se você estiver projetando algo, todos devem ter um único foco de atenção – quando você sinalizar, todos olham para a projeção e então todos voltam a olhar para você. Não pode ser uma bagunça, que parte do público olha para a projeção, parte olha para você e parte olha sei lá o quê.

Agora imagine aquele orador, leitor de slide, que olha para a tela o tempo todo. **No Capítulo 18 abordaremos** que se o orador só lê slide ou ele ou o slide é desnecessário. Vamos aprofundar a questão – o orador, olhando o slide, faz com o que o público olhe o slide também. O público estará mais conectado com o slide ou com o orador? Quem ali é desnecessário?

O ideal é apenas uma olhadela no roteiro e o que você viu deve lhe servir como um "gatilho" para você continuar a sua apresentação. Se você ficar olhando papel, computador ou parede projetada por um longo espaço de tempo, saiba que você está se desconectando do público.

LEITURAS

Caso você realmente precise ler algo, e há casos em que leituras realmente são necessárias, faça o seguinte.

- Leitura a partir de papel, anotações no *notebook* ou livros: leia um pouco, levante os olhos, olhe as pessoas e volte a ler. Repita o processo quantas vezes forem necessárias. Olhar fixamente o texto a ser lido desconecta orador e público.

- Leitura a partir da projeção de slide: esse tipo de leitura não é o ideal, mas se tiver que fazer, opte por leituras curtas e conclua cada leitura de slide. Se você interromper uma leitura, seja para olhar o público, seja para explicar algo, e caso a continuação do texto esteja projetada, adivinha o que o público fará por conta própria? Ele vai ler e você se torna desnecessário.

Entre ler algo projetado e algo que não esteja projetado, é melhor ler algo não projetado.

INTRODUÇÃO E CONCLUSÃO

Você precisa cuidar com o olhar em todas as partes de uma apresentação, mas principalmente na introdução e na conclusão. No início e no final de uma fala, evite a todo custo olhar anotações ou ler. Fale com segurança e não hesite de jeito nenhum.

Os olhos fazem tanta diferença assim em uma apresentação? Sim, com certeza. Muitos falham em falar em público e sequer imaginam que é por causa deste detalhe.

Pare de olhar para o chão. Somente olhe para a tela do seu computador ou para a sua projeção se houver um motivo real para isso. Não olhe fixamente apenas uma pessoa. Não perca a chance de fazer conexão com o seu público.

Você, como orador, qual é o tempo que passa olhando para as pessoas durante uma apresentação? Stephen Lucas diz que é possível saber o quanto um orador pode impressionar pelo quanto ele olha para o público durante sua fala.

CAPÍTULO 4
FALE COM AS MÃOS TAMBÉM

Wilson estava sendo apresentado na firma, era o recém-contratado gerente administrativo. O dono da empresa reuniu 50 funcionários e fez a apresentação oficial. Wilson, sem combinação prévia, foi convidado a falar algumas palavras e falou por três minutos, sobre onde trabalhava, o que fazia lá e o que esperava no novo emprego. Após essa fala, todos os funcionários retornaram ao serviço e começaram os comentários acerca da apresentação. Elói, um dos funcionários mais antigos da firma, comentou com o seu colega Andrade: "Você viu o rapaz novo, o Wilson? Chegou aqui dizendo que já fez isso, já fez aquilo, que quer nossa cooperação etc. O cara fala com a mão no bolso e ainda quer ´botar essa banca´? No curso que eu fiz, o professor dizia que não podia falar com a mão no bolso".

O que há de verdade e o que há de mito nisso que o Elói disse sobre falar com a mão no bolso? O que fazer com as mãos quando for falar em público? É sobre isso que esse capítulo tratará. A seguir são apresentados toques que vão tanto para o Wilson e o Elói quanto para você, leitor, que deseja ser um orador impactante.

GESTICULAR É NATURAL

Não gesticular é prender-se. Gestos são tão naturais que, se um cego de nascença estiver conversando com alguém, possivelmente o veremos gesticulando. Segundo Koegel, se estivermos excitados, zangados, empolgados ou determinados, é difícil limitar o movimento das mãos. Nós gesticulamos até quando falamos ao telefone, portanto, é ainda mais natural gesticular durante uma fala em público, em que estamos impostando ainda mais a nossa voz.

Os gestos fazem parte da linguagem corporal, que por sua vez, faz parte da comunicação não verbal – é aquilo que eu comunico sem verbalizar. Quando eu gesticulo estou comunicando algo e quando não gesticulo também estou comunicando algo, ou seja, não tem escapatória.

Os gestos, se bem usados, podem reforçar a mensagem. Se, por exemplo, eu estiver falando que estamos crescendo 10% ao ano, posso fazer um gesto na vertical subindo. Com isso o conteúdo ganha força e torna-se mais impactante para o público.

🎤 A BASE E OS GESTOS

Muitas pessoas não sabem o que fazer com as mãos enquanto falam em público. Tem gente que brinca dizendo que melhor seria cortar a mão neste momento, de tanto que isso representa um problema.

De forma didática, vamos dividir em "base" e em "gestos". A base é caracterizada pelos momentos em que as mãos estão paradas e os gestos são caracterizados pelos momentos em que as mãos estão em movimento. Quem tem problema sobre o que fazer com as mãos, já está com dificuldade desde a base.

Colocar as mãos no bolso, por exemplo, é uma base. É necessário vencer o mito que determinadas bases são crimes. Anteriormente, o Elói comentou sobre as mãos no bolso do Wilson, como se isso desabonasse toda sua fala, e que ele havia aprendido em um curso que isso não podia. Se perguntarmos para o Elói qual é o motivo de não se poder colocar a mão no bolso, ele responderá: "Não sei, só sei que o professor falou". Agora explicaremos para o Elói – todas as bases que travam as mãos são desaconselháveis e as mãos no bolso é uma base que trava a gesticulação. Mas vamos com calma – entre Wilson ter cometido um erro (que aliás é facilmente corrigível) e ter sua fala totalmente comprometida há uma grande diferença. Podemos dizer que colocar a mão no bolso seria um erro, não um crime.

A seguir citaremos algumas bases e quais são os cuidados que você precisa ter em relação a elas.

BASES "SINAL AMARELO"

As bases "sinal amarelo" exigem cuidado da sua parte, mas há uma solução para elas.

a) Mãos unidas à frente do corpo, acima da linha do cotovelo: é desaconselhável, pois fica estranho – a pessoa parece um *Tyranossaurus rex*.

b) Mãos unidas à frente do corpo, abaixo da linha da cintura (escondendo a genitália, tipo barreira no futebol): é desaconselhável, pois sugere que você está na defensiva, é uma pessoa fraca e que não tem autoridade.

Solução para as bases "a" e "b" – se você gosta de falar com as mãos unidas, seu limite está entre acima da linha da cintura e abaixo da linha do cotovelo. A base das mãos unidas tem que se situar neste espaço. Contudo, ainda existe um cuidado imprescindível: Koegel afirma que mãos inquietas transmitem a mensagem de que a pessoa está desconfortável e citando Elkman, o qual afirma que quanto mais elementos que demonstrem inquietação das mãos (como coçá-las, esfregá-las, apertá-las, manipular objetos), inconscientemente menos propenso o público estará em confiar em você e na sua mensagem. Por isso, sem estar com as mãos inquietas e dentro dos limites apresentados, é possível utilizar essa base intercalando com os gestos.

> **c)** Mãos no bolso: é desaconselhável, pois parece que está escondendo algo e dificulta a gesticulação. Susan Weinschenk defende que se o público não consegue ver as suas mãos, não confiará em você (vai que você tem algo ali que pode feri-lo).

Solução para a base "c" – se você é do tipo que gosta de uma mão no bolso, procure deixar o polegar para fora, ou somente o polegar para dentro. Com o(s) dedos(s) à mostra, diminui aquela impressão de que você está escondendo algo. Outro detalhe: o grande erro é passar uma apresentação inteira com as mãos no bolso. Não há maiores problemas você usar as mãos no bolso como base, desde que você deixe algum dedo para fora do bolso e intercale essa base com a gesticulação. Com o tempo, você se tornará menos "escravo" da mão no bolso e poderá utilizar outras bases mais interessantes.

🎤 BASES "SINAL VERMELHO"

As bases "sinal vermelho" são aquelas que você deve evitar a todo custo. Elas apenas travam seus gestos e transmitem algo negativo para o público.

d) Mãos para trás: é desaconselhável, pois assim como as mãos no bolso, parece que você está escondendo algo. Pelo menos no caso das mãos no bolso ainda há alguma saída.

Solução para a base "d" – evite.

e) Braços cruzados: é desaconselhável, pois isso sugere que você está fechado, que se sente ameaçado e que está na defensiva.

Solução para a base "e" – evite.

f) Mãos nos quadris – é desaconselhável, pois essa é uma base que transmite a imagem de alguém autoritário e desafiador.

Solução para a base "f" – evite.

🎤 BASE NATURAL

Koegel nos propõe ficar de pé e levantar os braços por 30 segundos. Eu diria que dez segundos são suficientes. Ao final deste tempo, abaixe os braços. Ao relaxar, automaticamente os braços vão ficar na lateral do corpo. Essa é a base natural. Repare que dificilmente alguém, ao final deste tempo, vai relaxar em uma base diferente dessa – isso porque esta é a única base que não nos tensiona.

O QUE FAZER COM AS MÃOS?

Se os braços na lateral do corpo representam a base natural, o ideal seria você usar esta base para intercalar os gestos.

Todavia, muitas pessoas ficam desconfortáveis nesta base por se sentirem vulneráveis com o peitoral aberto. Isso é problema dessas pessoas que não deveriam se sentir mal estando "vulnerável" assim. De qualquer forma, como segunda opção, eu recomendaria a solução para as bases "a" e "b" – mãos juntas, entre linha da cintura e linha do cotovelo, sem inquietação alguma.

DICAS PARA GESTICULAR BEM

Após entendermos o que seria a base, vamos comentar sobre os gestos em si.

- Gesticule conforme o ritmo da fala. É interessante que os gestos estejam relacionados ao que você está dizendo, ou no mínimo, que não sejam conflitantes.

- Evite ficar com o dedo em riste na direção do público (apontar com o dedo indicador), pois isso pode soar como algo agressivo. Se for apontar, aponte com a mão inteira.

- Conforme Adas, Chequer, Mello e Vial, evite gestos em que a palma de suas mãos fiquem voltadas para o público – isso dá a impressão do símbolo de "pare", que pode distanciar o público do orador. Gesticule puxando para você, pois isso torna a conexão com o público ainda maior.

- Faça os numerais de um a cinco com os dedos. Mais do que isso fica estranho.

- Gestos verticais representam bem comparativos numéricos.

- Gestos horizontais representam bem linha de tempo, partes de um processo ou de uma organização, ou um trajeto.

- Verbos como aumentar, diminuir, unir e expandir são fáceis de representar por meio de gestos.

- Fazer um positivo ou balançar a cabeça para cima e para baixo reforça a sua frase afirmativa. Balançar o dedo indicador ou a cabeça de um lado para o outro reforça a sua frase negativa.

- Gestos muito rápidos não atingem o objetivo e sugerem simples inquietação.

- Se puder, gesticule com as duas mãos, em vez de uma só. Se tiver que segurar um microfone, aí não tem saída – você gesticulará apenas com uma mão, podendo revezar a mão de tempo em tempo.

🎤 Procure gesticular nas conversas cotidianas, pois esse "treino" fará toda a diferença na hora em que você for falar em público.

🎤 GESTOS E O SEU CORPO

Os gestos devem acontecer entre a linha da cintura e a linha dos ombros. Abaixo da cintura é desaconselhável, pois muitos não conseguirão enxergar, além de que tudo abaixo da cintura tem menos força; e acima da linha do ombro é desaconselhável, porque tampará seu rosto.

Evite também gestos muito próximos do corpo, pois isso revela insegurança.

Com sensatez, faça gestos abertos. Isso pode parecer que te deixa vulnerável, mas está transmitindo segurança para o público.

🎤 EXCESSO DE GESTICULAÇÃO

Use o bom senso na hora de gesticular. Nem gestos demais, nem gestos de menos. E entre o excesso e a falta, o excesso é pior, pois chama mais atenção do que o discurso. De forma excessiva, a gesticulação, ao invés de reforçar o discurso, acaba o anulando, e o público não consegue se concentrar.

🎤 VÍCIOS DE LINGUAGEM - GESTOS

Assim como o famoso "né?" que, se eu falar vários dentro de um curto espaço de tempo, se caracteriza como um vício de linguagem, qualquer gesto que eu execute várias vezes, em um curto período, também será um vício de linguagem.

Estes gestos (vícios) incomodam o público e podem ser voluntários ou involuntários. Normalmente, são os gestos involuntários que ocasionam vícios de linguagem, como puxar manga da camisa toda hora ou ficar tirando a aliança. Qual o propósito disso? Nenhum. Isso precisa ser corrigido.

Para corrigir isso a curto prazo, você pode simplesmente tirar a aliança ou arregaçar a manga. Aí não haverá aliança ou manga para te distrair. Para corrigir a longo prazo, é preciso tomar consciência e evitar a todo custo realizá-lo, como se faz com um "né?".

Assistir-se é um ótimo exercício de autoconhecimento. Avalie sua linguagem corporal, qual é a base que você usa e como são os seus gestos. Com autoconhecimento, você percebe o que precisa ser corrigido. E o que precisar ser corrigido, você policia. E com o policiamento, esses vícios de linguagem desaparecerão.

🎤 GEOMARCAÇÃO

A gesticulação permite que eu faça algo chamado de geomarcação. Por exemplo: você diz que na Alemanha as fábricas funcionam de tal maneira e no Brasil funcionam deste outro jeito. Quando estiver falando da Alemanha, eleja um lado e seus gestos acontecerão mais neste lado. E quando estiver falando do Brasil, utilize o lado oposto. Se você fizer isso, o público saberá se você está falando da Alemanha ou do Brasil, simplesmente pelo lado da sua gesticulação.

A geomarcação, além da gesticulação, pode ser feita por meio da movimentação, **como vimos no Capítulo 1**.

🎤 SEGURAR OBJETOS

Pode segurar um objeto enquanto fala? O primeiro ponto a ser analisado é o seguinte: esse objeto, ele tem alguma função ali no contexto? Por exemplo, um passador de slide tem importante função – então posso segurá-lo. Inclusive posso gesticular com ele na mão à vontade.

Já uma caneta, muitas vezes sua função é zero. As pessoas estranharão que você está segurando uma caneta e este fato desviará a atenção do público. Melhor não segurar esta caneta, todavia, pelos mais diversos motivos, algumas pessoas têm necessidade de segurar uma caneta durante a apresentação – o que fazer? Lembra que tudo abaixo da linha da cintura tem menos valor? Uma opção é segurar a caneta, com uma das mãos, abaixo da linha da cintura (para não chamar a atenção), e gesticular entre cintura e ombro com a outra mão. É possível discretamente revezar a mão que segura a caneta. Fazendo isso, o orador que tem essa necessidade não se sentirá mal e o público conseguirá focar no discurso.

E vamos supor que você queira segurar um papel. A questão agora é: você quer dar visibilidade para o papel ou não? Digamos que o papel seja uma simples "colinha", que você usará se precisar. Nesse caso, deixe o papel abaixo da linha da cintura. Agora digamos que esse papel é um cartaz de um evento e você quer mostrá-lo – nessa situação, você vai segurar esse cartaz entre a sua cintura e o seu ombro, afinal você quer destacá-lo. Fale olhando para o público e não para o cartaz.

Evite ficar mexendo no fio do microfone, pois não há razão para isso. Evite fazer origami de papel enquanto fala, pois não há razão para isso. Evite tirar e colocar a tampa da caneta enquanto fala, porque não há razão para isso e porque é chato. Qualquer manipulação com as mãos é sinal de que você está nervoso.

A gesticulação tem um papel importante na comunicação, muitas vezes menosprezado por nós. Os gestos "falam" junto com as palavras e ilustram a mensagem.

Quando se tem o conhecimento a respeito das bases e dos gestos e quando se está relaxado no bom sentido, torna-se desnecessária a preocupação do que fazer com as mãos. Com o tempo e com a experiência, tudo se torna espontâneo.

Veremos no Capítulo 6 a importância da empolgação na fala em público. Quem está realmente empolgado não consegue travar as mãos – a não ser que seja uma pessoa travada e viciada em bases que travam.

Se liberte e fale com as mãos também.

PARTE 2
O TRIPÉ DA COMUNICAÇÃO

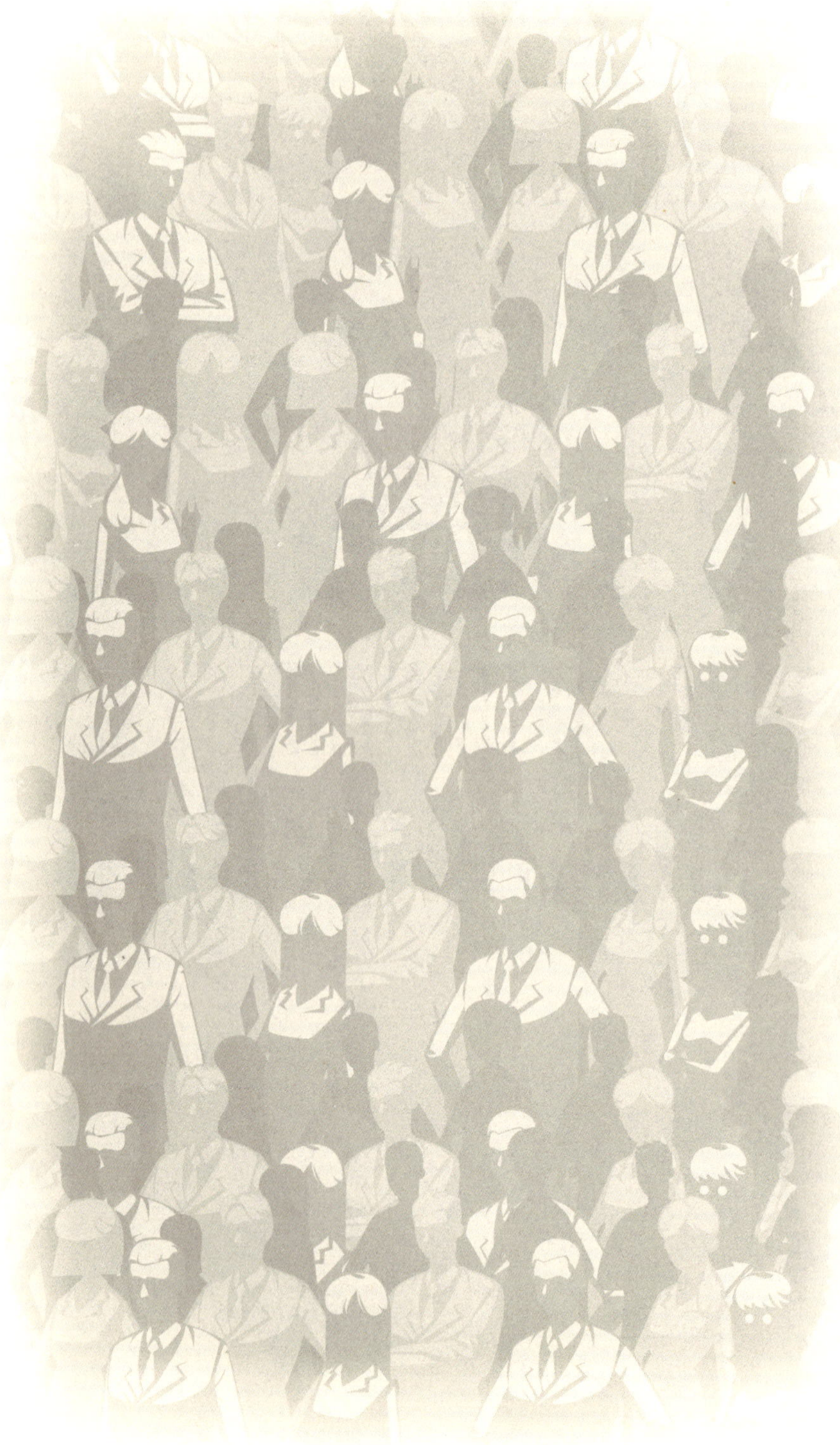

CAPÍTULO 5
DÊ ATENÇÃO PARA AS TRÊS PERNAS DO TRIPÉ

Francisco, Carlos e Ana trabalham na mesma empresa e começaram a fazer uma especialização juntos. Quando o professor pede para fazer um trabalho, eles sempre perguntam se é possível fazer em trio. Não foi diferente no trabalho que o Professor Hélio passou, sobre análise estratégica do ciclo de vida do produto. O trio dividiu o trabalho em três partes, e cada um ficou de apresentar a sua para o professor e para o restante da turma.

Francisco é o mais experiente dos três. Inclusive é o especialista em ciclo de vida do produto de toda a empresa – e pense em um assunto que ele gosta. Portanto, Francisco tem conhecimento e empolgação.

Carlos fez um curso de oratória não faz muito tempo e também tem muito conhecimento sobre ciclo de vida do produto. Portanto, ele tem técnica e conhecimento.

Ana fez o mesmo curso de oratória que Carlos; ela é empolgada pelo assunto "ciclo de vida do produto", mas ainda não conseguiu se aprofundar nesta parte. Portanto, Ana tem técnica e empolgação.

Para falar bem em público é necessário um tripé – técnica, empolgação e conhecimento. Como todos sabem, um tripé não se sustenta se faltar qualquer uma de suas pernas. Em termos de oratória, ao faltar uma perna, você poderá até falar, mas não falará bem, não se destacará e não encantará.

Para Francisco faltava técnica. Para Carlos faltava empolgação. Para Ana faltava conhecimento. A apresentação dos três foi mediana, a apresentação do grupo foi nota 7 – e olhe lá.

A seguir apresentamos toques que vão tanto para o trio quanto para você, leitor, que deseja ser um orador impactante.

CONHECIMENTO

Já imaginou conversar por 20 minutos sobre um assunto que você não domina? Provavelmente você passaria vergonha, pois não tem base sequer para fazer breves comentários.

Então agora imagine falar em público sobre um assunto que não domina. Você deve "conduzir" a conversa e, por vezes, durante tempo superior a 20 minutos. Provavelmente passaria ainda mais vergonha.

Para falar sobre um assunto você precisa ter conhecimento. Esse conhecimento pode ser oriundo do estudo ou da experiência; quem não tem conhecimento vai apenas "enrolar" e isso é terrível. O conhecimento gera credibilidade, enquanto a falta dele a tira.

É interessante saber mais do que se necessita para determinada apresentação. Essa "gordura" é o que te trará segurança para falar.

TÉCNICA

A oratória não se trata apenas de falar –trata-se de como falar. A oratória não se trata apenas da voz –trata-se de toda comunicação verbal e não verbal. Saber técnicas de oratória, que é basicamente o que você está vendo neste livro, faz você cumprir bem o seu papel de orador, retendo a atenção do público e fazendo com que ele compreenda a mensagem corretamente, sem fazer muito esforço. As técnicas também possibilitam diminuir o nervosismo que você tenha.

Este livro apresenta muitas informações a respeito da oratória, objetivando desmistificar diversos conceitos. De repente você faz algo de errado ao se apresentar e nem sabe. Por isso o título deste livro é "Pare de vacilar em suas apresentações". Ter a técnica significa saber o que é interessante fazer e o que se deve evitar. Muitas pessoas poderiam falar melhor em público e só não falam por desconhecerem essas técnicas.

Quando se tem a técnica, você otimiza recursos e consegue atingir o objetivo. Quando não tem a técnica, você desperdiça recursos e só lhe resta "torcer" para atingir o objetivo.

EMPOLGAÇÃO

Foi separado um capítulo inteiro **sobre a empolgação (Capítulo 6)**.

Mas se todos os oradores forem empolgados, eles não ficarão todos iguais? A resposta é não. Os oradores podem ter diversos estilos, e é bom que tenham, mas a empolgação deve estar presente em qualquer estilo.

Sem empolgação você não estimula. Sem ter energia você não energiza o público. E como está sua empolgação durante uma apresentação? Um bom exercício é filmar-se e atribuir-se uma nota de 0 a 10, sendo 0 "dormindo" e 10 equivalente a um palestrante motivacional como Tonny Robbins. A empolgação é mais fácil de ser percebida do que ser explicada. Ao se ver, você perceberá se existe a necessidade de aumentar a empolgação – neste caso, a aumente com equilíbrio, dentro do que você considerar bom senso.

TÉCNICA E EMPOLGAÇÃO FACILITAM A SINTONIA

Você pode ter muito conhecimento, mas se você não se sintonizar com o público, esse conhecimento não adiantará de nada. Mesmo que o conteúdo seja compreendido, as pessoas vão colocá-lo em uma pasta no cérebro e esquecê-lo. Ninguém pode empurrar conhecimento – isso é impossível. O que o orador deve fazer é dar estímulos para que cada pessoa puxe o conhecimento. Para isso é preciso sintonia entre público e orador.

Você pode se sintonizar das seguintes maneiras:

- estabeleça conexão visual;
- sorria;
- seja espontâneo – se você parecer artificial, diminuirá sua chance de sintonia;
- tenha bom humor;
- seja humilde – ninguém entrega confiança e se sintoniza com alguém arrogante. Chris Andersen afirma que mesmo que você seja genial, é melhor deixar que o público descubra isso sozinho;
- apresente argumentos impactantes de forma que desperte interesse;
- tenha um discurso próximo das pessoas;
- conte histórias;

- cite exemplos – se couber na sua apresentação, conte seus *cases* de sucesso e até mesmo os de fracasso;
- seja empático – sempre se coloque no lugar de quem estiver te assistindo, principalmente quando abordar temas polêmicos.
- Todos estes itens elencados são justificados pela técnica e colocados em prática pela empolgação.

Sem sintonia alimenta-se o ceticismo pela mensagem e a antipatia pelo orador. Com sintonia todos ficam de coração aberto para este processo de comunicação. Entretanto, é preciso frisar: a sintonia (técnica e conhecimento) não tem valor se não estiver de mãos dadas com o conhecimento – todas as pernas de um tripé são necessárias.

⋯

A apresentação não pode ser avaliada pelos aplausos, pois muitas vezes eles se tratam de mera convenção social.

O que se deve levar em conta é a efetividade (se o objetivo foi atingido) e a qualidade. Para medir a qualidade, analise o quanto mais você conseguiria assistir o orador. Se a apresentação é de 60 minutos e você aguenta 20 minutos, ela é ruim. Se a apresentação é de 60 e você aguenta 60, ela é boa. Mas se a apresentação é de 60 e você aguenta mais, ela é ótima.

Se o seu tripé (conhecimento, técnica e empolgação) for consistente, com certeza sua apresentação será efetiva, pois atingirá o objetivo e terá qualidade, uma vez que as pessoas ficarão muito tempo lhe assistindo e não se cansarão.

CAPÍTULO 6

ACORDE
PARA FALAR

Yuri é professor de História. Ele adora história grega e romana, e isso é perceptível nas suas aulas. O problema é que como professor, ele é obrigado a falar de história geral. Outro dia ele foi dar aula sobre o período colonial do Brasil, mas só faltou uma coisa: Yuri acordar para falar. Ele parecia que estava sem ânimo algum, ele estava sem empolgação.

Quando Yuri fala da história grega e romana, ele se inflama, e os alunos inflamam juntos. Este é um princípio básico: se você estiver empolgado por aquilo que está transmitindo, será capaz de empolgar o público. Todavia, se você não se empolga por determinado assunto, também não espere que seu público se empolgue. Por isso, é preferível falar sobre assuntos que lhe despertem algo. O resultado será muito mais positivo.

Mas Yuri tinha uma apostila a seguir. Como ele poderia se empolgar pela história colonial do Brasil? Como podemos desenvolver a empolgação por um assunto? A única maneira é conhecer a fundo esse tema. Quantas coisas não gostávamos, então começamos a conhecer, passamos a gostar e até a admirar? Recentemente minha esposa conseguiu me convencer a assistir a série *Grey´s Anatomy*. Eu estava totalmente relutante, mas enfim, comecei a assistir. Mesmo com um "pé atrás" em relação à série, em pouco tempo eu a estava apreciando tanto quanto minha esposa. E na sequência, era eu quem convidava minha esposa para assistir a esta série que a princípio não me empolgava.

No caso de Yuri, ao estudar a fundo a história colonial do Brasil, ele poderia perceber quantos personagens poderiam servir de inspiração para ele próprio e para os seus alunos. Poderia refletir sobre o quanto o que acontecia no período colonial, ainda acontece nos dias de hoje em nossa sociedade. Com isso, Yuri passaria a ver o período colonial com outros olhos e isso impactaria na qualidade de sua aula. É muito comum que o nosso desânimo por determinado assunto advenha da nossa visão superficial sobre ele.

Entretanto, se conhecer a fundo o assunto não ajudar na empolgação, aí não há o que fazer – é melhor deixar que outra pessoa fale sobre ele.

E, se por acaso, assim como Yuri, eu não tiver escapatória e for obrigado a falar sobre esse assunto? Nesse caso, se prepare bem e saiba de antemão que sua apresentação poderá até ser "boa", mas não será excelente. Um requisito básico para uma apresentação excelente é a empolgação. Se ela não existe, pelo menos acorde para falar.

A seguir apresentamos toques que vão tanto para o Yuri quanto para você, leitor, que deseja ser um orador impactante.

MENSAGEM EM PRIMEIRO LUGAR

Dale Carnegie afirma que os grandes oradores são ansiosos por transmitir a sua mensagem. O grande orador quer que o público sinta o que ele está sentindo e quer que o público compreenda a mensagem assim como ele compreende. Para o grande orador, a mensagem está acima de tudo. Se o público a receber bem, para ele basta, pois esse é o seu objetivo. Ele não pensa em aparecer mais do que a mensagem ou do que o próprio público.

Deveríamos nos encher de entusiasmo ao falar em público, pois estamos oferecendo ideias, benefícios e oportunidades, ou seja, é praticamente um serviço de utilidade pública. É o cumprimento de uma missão.

Além disso, existe um grande benefício psicológico nisso: estando ciente de que o orador é apenas o intermediário de algo maior, o holofote fica na mensagem e reduz-se qualquer nervosismo.

COMUNICAÇÃO NÃO VERBAL E EMPOLGAÇÃO

Vimos que existe a comunicação verbal e a comunicação não verbal. A não verbal caracteriza-se pela forma como eu falo e pela linguagem corporal.

Nesse ponto, temos uma via de mão dupla – vamos tomar como exemplo a forma de falar – pelo jeito que Yuri fala é que se detecta a sua empolgação, e ao mesmo tempo, se Yuri estiver empolgado, essa empolgação tornará sua fala diferenciada. Isso quer dizer que a comunicação não verbal revela a empolgação, bem como é afetada por ela.

Empolgado, o orador não consegue falar normalmente: a voz ganha vida, ganha potência e passa longe da monotonia. A entonação e o destaque das palavras mais importantes então se tornam naturais. O corpo fala junto, ou seja, a expressão facial, a postura, a movimentação e os gestos acabam se tornando espontâneos.

Além disso, é justamente a comunicação não verbal que fornece a maior parte do aspecto emocional para a apresentação. O discurso em si, com toda sua carga racional, pode até impressionar, mas será rapidamente esquecido. É a parte emocional que é lembrada por mais tempo e que toma a maior parte das decisões. As pessoas compram pela emoção – quer seja um objeto ou quer seja uma ideia. Isso significa que o discurso empolgado vende mais e é mais inesquecível.

Não adianta dizer que está empolgado se sua comunicação não verbal revelar o oposto: as pessoas acreditarão no não verbal. Muitos guias de turismo, por exemplo, repetem o mesmo discurso duas vezes por dia, todos os dias. Muitas vezes eles dizem "Estamos muito empolgados em recebê-los" sem realmente estar – o público percebe e este guia perde credibilidade. Se for dizer que está empolgado, esteja realmente e aparente estar de tal forma.

PRESENÇA

Sabe aquela pessoa diferenciada que admiramos? Aquela que possui presença e que é marcante? Em primeiro lugar, é importante deixar claro que é possível desenvolver isso.

O que faz a pessoa ter essa presença e ser marcante é a empolgação que ela tem. Sem empolgação, seria apenas conhecimento e técnica, e com somente isso seríamos robôs.

Essa empolgação propicia a espontaneidade e a entrega – o orador está ali de corpo e alma. Com a paixão presente no discurso, podem até ocorrer falhas técnicas, mas o público relevará, pois a empolgação prepondera frente a essas falhas. Portanto, no fundo o que interessa é o quanto nos entregamos em uma apresentação. Para Carmine Gallo, se você tiver empolgação pelo assunto, 80% do caminho está percorrido.

NÃO FREIE A EMPOLGAÇÃO

Por incrível que pareça, tem orador que freia a sua empolgação, temendo parecer piegas. Sem empolgação, sem entrega, reduz-se a possibilidade do seu público compreender a sua mensagem, de comprá-la e de lembrar-se dela. E você, orador sem alma, estará ali apenas teatralizando, porque não será o seu natural.

INTERIORIZE A MENSAGEM

Cuidado com as apresentações prontas disponíveis na internet ou com as apresentações elaboradas por outras pessoas. Tenha certeza de que você interiorizou aquilo que vai apresentar. A mensagem precisa sair de dentro de você. Só é possível se empolgar pelas ideias que de fato compramos.

SUPERANDO UM PÚBLICO ARISCO

Sabe aquelas apresentações que os funcionários são obrigados a assistir? Muitas vezes eles não queriam estar ali e estão fechados ao que quer que seja apresentado. Caso você tenha pela frente um público arisco como esse, a sua empolgação pode quebrar essa barreira, tornando as pessoas mais suscetíveis a assimilarem sua mensagem.

FOGUEIRA

Já vi muitas conferências em que um orador fala na sequência do outro. É perceptível a diferença de empolgação entre eles. Podemos dizer que o orador sem empolgação é aquele sem fogo nenhum. O orador superempolgado é uma fogueira. Existem as gradações – fogo baixo, fogo médio, fogo alto. Que tipo de orador você gostaria de assistir? E que tipo de orador você gostaria de ser?

...

Se coloque no lugar do seu público – você preferiria assistir alguém empolgado ou alguém indiferente pelo assunto? É lógico que escolheríamos a primeira opção. Escolheríamos alguém que tratasse a apresentação e o assunto como únicos.

Se Yuri gosta tanto da história de Roma, deveria aprender com Quintiliano (35-100 d.C), professor de retórica da Roma Antiga, que disse que é o sentimento que nos torna eloquentes.

Coloque a empolgação na sua fala e entregue-se.

PARTE 3

O MEDO DE FALAR EM PÚBLICO

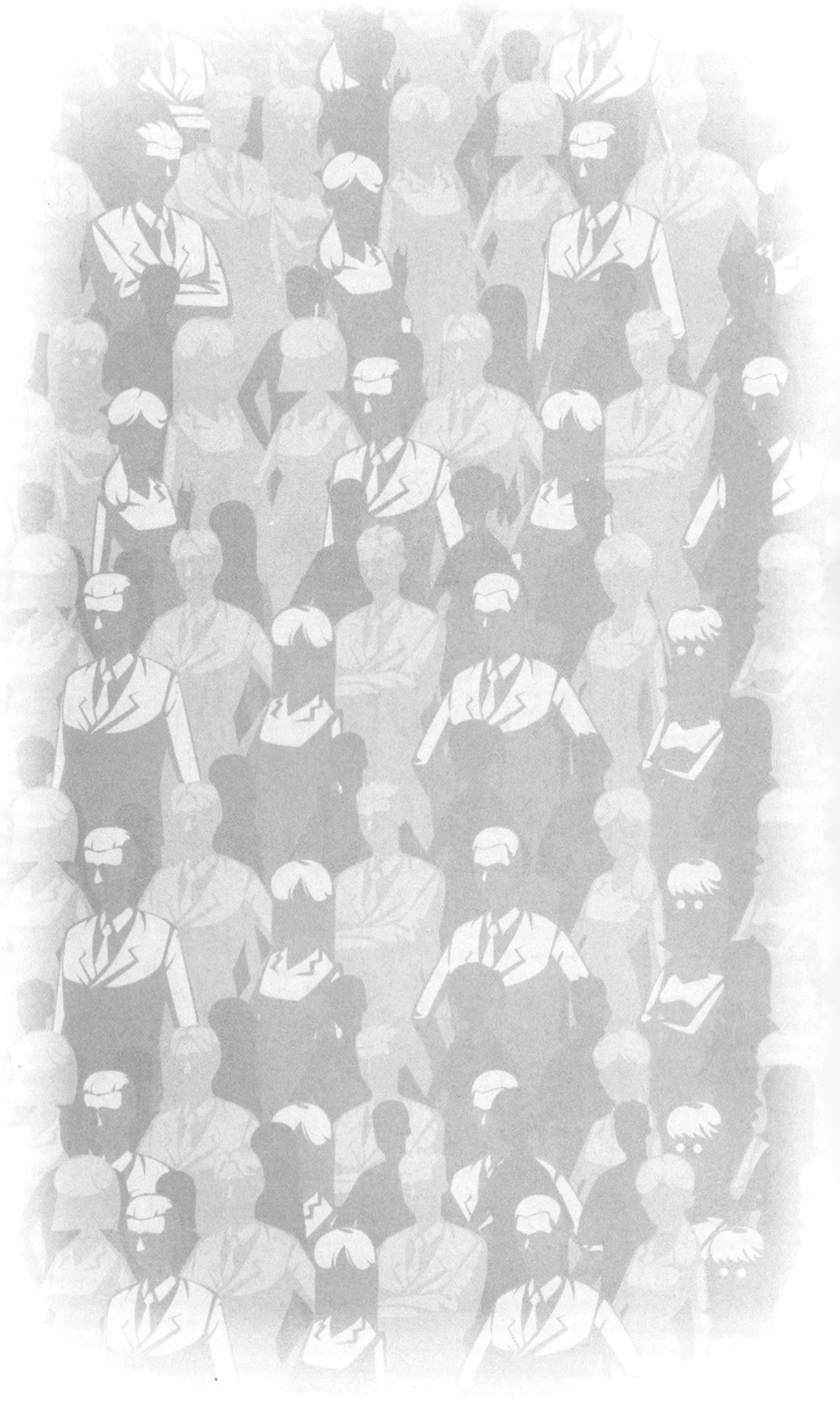

CAPÍTULO 7

SEM TREMER DE MEDO

Flávio estava se formando em Medicina. Este era o seu sonho e o sonho de seus pais. Eles fizeram um enorme sacrifício para que o filho obtivesse essa conquista e incentivaram nos momentos mais difíceis. Quando a turma de Flávio estava decidindo quem faria o juramento, quem faria essa e aquela homenagem, ele não perdeu tempo e disse: "A homenagem aos pais sou eu quem faço". Por sorte ninguém mais quis essa homenagem e então "bateram o martelo". Flávio estava comprometido; ainda faltavam três meses para a colação de grau, mas aqueles 90 dias "voaram". De repente estava faltando apenas 15 dias e o nervosismo começou. Quando faltavam dez dias, Flávio não conseguia pensar em outra coisa, ele começou a se arrepender de ter se comprometido com a homenagem aos pais. Vários colegas seus estavam apenas na ansiedade boa da formatura, e ele estava em uma ansiedade doentia em relação ao discurso que teria de fazer. Tudo que ele preparava não servia. Na noite anterior ele nem sequer conseguiu dormir. O dia da formatura foi torturante. Ele tinha algumas anotações, mas dentro dele algo dizia que não estava bom. Mas fazer o quê? Agora era encarar. Quando chegou o momento da homenagem, ele irradiava nervosismo; subiu sem saber o que falar e desceu atordoado, sob os aplausos educados dos convidados. Os colegas apenas cochichavam sobre sua performance deplorável. Mas não era para ser assim. Não deveria ser assim.

A seguir são apresentados toques que vão tanto para o Flávio quanto para você, leitor, que deseja ser um orador impactante.

O QUE É O MEDO DE FALAR EM PÚBLICO?

O medo de falar em público nada mais é do que o medo de falhar em público. Este medo chama-se "glossofobia". Há quem afirme que se trata do medo mais comum, inclusive, mais comum do que o medo da morte – talvez pelo fato de que a morte você não possa evitar e falar em público você pode.

Na realidade, todos se sentem nervosos antes de uma apresentação importante. O que varia de pessoa para pessoa é o quão nervosa ela fica antes e durante a sua apresentação. Os graus variam de um leve nervosismo até algo patológico que necessita de tratamento psicológico. Contudo, na maioria dos casos, as dicas que daremos na sequência resolvem o problema.

Sabe por que todo mundo fica nervoso ao falar em público? Porque não é algo que fazemos todo dia, rotineiramente, como escovar os dentes. Algumas pessoas, como um palestrante profissional, podem até falar em público todos os dias, mas cada dia é para um público diferente. Algumas pessoas, um professor por exemplo, podem até falar em público todos os dias e para o mesmo público, mas nesse caso o assunto muda. O teu nervosismo pode ser que seja mínimo, mas ele existe, e ainda bem que existe. Pense em você, após um almoço de domingo, deitado no sofá – como está a sua energia? A sua energia está bem baixa. Já imaginou você falar em público com esta mesma energia? Sua apresentação seria desanimadora em todos os sentidos. Ou seja, para falar em público é necessária uma energia maior e essa energia vem da adrenalina, que é produzida pelo organismo por causa do nervosismo.

Outro motivo para celebrar que existe o nervosismo: Luiz Fernando Garcia diz que se leva 50 minutos para que o avião chegue ao ponto exato do salto de paraquedas. São vinte segundos de queda livre e 4 minutos de descida com o paraquedas aberto. Nesta atividade, existe o momento de medo e o momento de prazer. Certa vez um jovem procurou seu instrutor e perguntou: "Quando sentirei mais tempo de prazer do que de medo? Hoje em dia a porcentagem de medo é muito maior. Gostaria de sentir apenas o prazer". O instrutor respondeu: "Espero que isso nunca ocorra. Enquanto você tiver medo, você vai dedicar toda atenção ao salto". Assim também é com a fala em público: se não fosse o nervosismo, talvez você não se preparasse adequadamente. A pessoa que sente zero de nervosismo, ou ela é muito arrogante ou ela está se "lixando" para o resultado (para ela "tanto faz como tanto fez"). Apenas os irresponsáveis não têm medo de nada. Por causa deste sentimento nos preparamos melhor e temos energia para fazer bem-feito.

Toda fala em público pode ser bem-sucedida ou malsucedida e quando você imagina que tudo dará errado, está aumentando consideravelmente a probabilidade de realmente dar tudo errado. Mas isso é assim para qualquer dificuldade que você tenha em sua vida. Se imaginar que o seu obstáculo é um monstro, ele vira um monstro e fica mais difícil vencê-lo. Não pense que pode dar tudo errado, realçando o aspecto de "ameaça". Pense "e se der tudo certo", realçando o aspecto de "oportunidade". A forma como encaramos qualquer problema depende de nós. Há pessoas que abaixam a cabeça e há pessoas que se mantém firmes. Se mantenha firme e você já terá dado um grande passo.

O medo de falar em público não é o pior. O pior é o medo de sentir medo de falar em público. Isso é o que de fato aumenta o nervosismo além da linha do que é considerado benéfico para apresentação.

Por isso vamos dividir didaticamente:

Existe o medo bom e o medo ruim.

O medo bom é o que chamaremos de "respeito". O medo ruim é o que chamaremos de "pavor". Sinta respeito, não sinta pavor.

Trabalhe para transformar o seu pavor em simplesmente respeito. O pavor fará mal para você (orador) por razões óbvias, fará mal para a mensagem que não será bem transmitida, te deixará inseguro e fará mal para o público também, que perceberá sua insegurança, além de fazer mal para o evento como um todo, que perderá qualidade.

Se o seu maior medo for ser humilhado na frente de todos, por exemplo, siga a seguinte lógica: com pavor, você será realmente humilhado; com respeito, você se esforçará para não ser humilhado, e não será.

O que você sente hoje pelas suas apresentações em público – indiferença, respeito ou pavor? Não siga pelos extremos, siga pelo caminho do meio.

CAUSAS DO MEDO

Uma pessoa pode sentir medo pelos seguintes fatores:

- medo do julgamento – a pessoa que tem medo do julgamento considera demais a sua reputação e o risco de vê-la diminuir é muito pesado. Se dissermos para essa pessoa: "Meu amigo, mas se você for bem sua reputação aumentará", é possível que ela responda: "Mas entre aumentar minha reputação e o risco de diminui-la, prefiro não me arriscar – deixe como está". Essa pessoa tem medo de falar em público e ser julgada. E realmente será julgada, bem como ela é julgada em todas as situações da vida, das corriqueiras como comprar um pão, como às maiores, como participar de uma importante reunião. Deveríamos estar acostumados ao julgamento. Nos momentos de descanso em nossa casa estamos sendo julgados. Por que se preocupar sobremaneira especificamente no ato de falar em público? O medo do julgamento pressupõe que a pessoa tenha sentimento de inferioridade e que de fato ela não se conheça – não saiba quais são as suas limitações e quais são os seus potenciais como orador, julgando-se como a "mosca do cocô do cavalo do bandido". Não é assim. Essa pessoa precisa se gostar mais, desenvolver seus potenciais e vencer suas limitações. Enquanto ela não se gostar, continuará com os potenciais travados e as limitações lhe esmagando;

- necessidade de ser perfeito – nunca espere a perfeição. Caso espere, você travará e não fará nada. O que você precisa fazer é simplesmente dar o máximo que puder hoje. Hoje esse é o seu melhor? É isso que você buscará dar. O público não espera perfeição da sua parte. O que ele espera é entrega da sua parte. Quando o orador demonstra sua empolgação pelo assunto, os erros técnicos passam batido, pois o público estará focado na empolgação;

- não ter prática – normalmente temos medo daquilo que não conhecemos. Muitos dos que dizem possuir medo de falar em público, se apresentaram apenas uma ou duas vezes na vida, ou talvez nenhuma. Como essas pessoas querem ter segurança em falar em público se para elas essa é uma atividade desconhecida? Todos erram quando aprendem a dirigir ou a cozinhar, por exemplo. Seria um absurdo se você dissesse: "Ah, eu errei na cozinha, nunca mais vou cozinhar" ou "Ah, eu deixei o carro morrer, nunca mais vou dirigir". Ninguém é 100% em nenhuma atividade no começo. É um processo de praticar, errar, aprender e corrigir. Tudo isso é normal. Anormal é a pessoa achar que falará perfeitamente já na primeira vez, ou que ela está pronta e nada mais tem a melhorar. Se você quiser falar bem em público, é preciso que você "se jogue" e encare as situações. Flávio Gikovate em Reinaldo Polito afirma que quem tem medo de avião, só vencerá esse medo quando viajar em um. Quem tem medo de falar em público evita a qualquer custo expor-se na frente de outras pessoas. E se não se expuser, nunca vencerá o medo de falar em público. Você pode entrar no mar devagarzinho, molhando o pé, a canela, o joelho, mas se não entrar de peito aberto na água, continuará com medo do mar. O primeiro passo é a pessoa ter desejo de enfrentar este medo. Se ela não quer, não adianta forçar. Mas se ela quer, aquilo que antes era desconhecido e ameaçador, será conhecido e tranquilo. Lembre como foi seu primeiro dia na escola, seu primeiro encontro, seu primeiro dia no trabalho – você ficou nervoso. Com o tempo, essas situações foram se tornando menos angustiantes. Todos nós temos uma zona de conforto, e gostamos dela. Se falar em público não estiver dentro da sua zona de conforto, dialogue com o seu cérebro. Ele tentará fazer você desistir, mas "bata o pé" e insista com o seu cérebro. Diga para ele: "Eu vou fazer isso e isso é possível sim". O cérebro cederá e será obrigado a ampliar a zona de conforto, afim de que aquela atividade se encaixe no seu rol de atividades confortáveis para ele. Aquilo que antes era um desafio se tornou normal. Só é possível fazer isso se desafiando e oferecendo estímulos que você não está acostumado. Mas cuidado com a prática que te leva somente a repetir erros. Muitos oradores tem prática, mas são inconscientes em relação a sua performance, e por isso possuem muitos vícios sem sequer perceber. Prefira a prática consciente, em que você se conhece, sabe de suas dificuldades e procura corrigi-las ou minimiza-las. Alie a prática com o autoconhecimento e a melhoria contínua. E se por um acaso você perceber que a prática não está fazendo você evoluir no ritmo que você gostaria, persista. Dale Carnegie afirma que, quando aprendemos algo novo, o avanço não é contínuo. Melhora-se por ondas – melhora-se um tanto e estagna-se. Por vezes parece que houve um recuo, e então melhora-se mais um tanto considerável. Os períodos de estagnação e recuo são conhecidos como "platôs nas curvas de aprendizado". Se você se encontrar num platô desse, não desista. Daqui a pouco virá mais um avanço significativo e de repente você se encontrará numa situação perceptivelmente superior a anterior;

- não conhecer o assunto – isso também é algo lógico – se você não sabe o que falar, tem que sentir medo mesmo. Melhor não desperdiçar o seu tempo e o tempo das outras pessoas. Se conhecer o assunto, estudando e/ou vivenciando ele, esta causa não tem mais razão de existir. É imprescindível conhecer o assunto que você falará. Se já é embaraçoso conversar com alguém sobre um assunto que você não domina, muito pior seria protagonizar uma fala diante do público nesta condição. Não conhecer o assunto é como caminhar em um terreno desconhecido – você não faz isso com segurança e convicção. Prepare o material buscando saber mais do que necessitará para a apresentação. O conhecimento adicional aumentará sua confiança e diminuirá seu nervosismo;

- medo do não pertencimento – a pessoa que receia falar em público porque o sentimento de grupo ainda é muito forte. No grupo ela é uma, e sozinha vira outra completamente diferente. Já reparou como muitas pessoas conversam de maneira descontraída, e quando são chamadas para protagonizar a fala no palco, travam e parecem não ser a mesma de minutos antes? Aquele que ainda depende do grupo para se sentir seguro precisa aumentar sua autoestima e isso significa se gostar mais.

🎤 FISIOLOGIA DO MEDO

Imagine que você ficou fazendo hora extra na sua empresa. Todos foram embora e o silêncio reina. De repente você escuta um barulho. O medo começa, juntamente com a produção de adrenalina e cortisol. Abre-se a porta do seu escritório e é um colega seu que esqueceu a chave de casa. O seu cérebro racionalizará e parará a produção de adrenalina e cortisol. Você respira aliviado. Dali a pouco novo barulho. O medo surge novamente e o organismo começa a produzir adrenalina e cortisol. Desta vez é um ladrão que entra na sua sala. A produção de adrenalina e cortisol aumentará ainda mais e preparará você para a luta ou para a fuga.

Por meio dos exemplos apresentados, é possível perceber que a produção de adrenalina e cortisol acontece basicamente quando há algo desconhecido ou quando há perigo real. Portanto, quando você for falar em público, procure quebrar o ciclo do medo ruim. O ciclo é o seguinte: 1º) sensação de medo; 2º) esse medo fará você produzir adrenalina e cortisol; 3º) esses hormônios farão você tremer, suar, acelerar coração, etc.; 4º) esses sinais em seu corpo farão você pensar: "Ih, complicou. Vou me dar mal. Será um fiasco". *E*sse pensamento fará você sentir ainda mais medo, e o ciclo recomeça ainda mais forte. Se você racionalizar a situação e pensar: "Calma, é só meu colega que esqueceu a chave" ou "Calma, eu estou preparado, sei o que falar e como falar", o ciclo é quebrado e você aproveita o residual de adrenalina para falar com mais energia.

Dale Carnegie defende que é útil certa dose de nervosismo para você entrar em ação. Essa adrenalina residual fará você se comunicar com mais expressividade e pensar mais rápido.

DICA PRINCIPAL PARA VENCER O MEDO RUIM: RACIONALIZE

M. J. Ryan defende que é o lado emocional o responsável por detectar o perigo, mas a partir daí quem deveria assumir o controle é o lado racional. Contudo, o lado emocional não quer permitir isso tão facilmente. Quem não tem consciência sobre todo esse processo costuma continuar agindo com o lado emocional e aí o medo vai aumentando. Se o lado emocional estiver no controle, você apenas reagirá ao medo e o fortalecerá. Se o lado racional estiver no controle, você poderá agir e vencer o medo.

Eduardo Adas, Rogério Chequer, Sabrina Mello e Tatiana Vial afirmam que só é possível comandar aquilo que conhecemos e é a consciência que possibilita "virar a chave" do lado emocional para o lado racional. Ao racionalizar, é possível ter domínio emocional, ou seja, administrar o que se sente, superar qualquer dificuldade e seguir adiante.

Enquanto você pensar tudo de ruim que pode acontecer durante sua apresentação, quem está no controle é o lado emocional. Imagine que um filho seu vai se apresentar em público e na véspera da apresentação ele chega e diz para você: "Acho que não vai dar certo. E se me der branco?". O que você diria a ele para acalmá-lo? Talvez dissesse: "Respire e se acalme. Coloque a sua fala num papel, em forma de tópicos. Possivelmente não necessitará usar essa 'cola', mas se for preciso, use". O que seu filho disse representa uma "crença limitadora". Seria o seu lado emocional, que te sabota e te limita. O que você disse é a racionalização da "crença limitadora". Seria o seu lado racional, que te potencializa. Visto tudo isso sobre a racionalização, a dica é: imagine todos os imprevistos, todos os problemas possíveis e se antecipe na solução deles. Com o lado racional do cérebro no comando das ações, você tem consciência de tudo e controla o que diz (comunicação verbal), como diz e sua linguagem corporal (comunicação não verbal). O grande problema é que a maior parte dos oradores fala com o lado emocional no comando, e aí eles não têm controle sobre sua comunicação verbal e não verbal.

Veja a seguir dois exemplos de crenças limitadoras e o que a racionalização aponta:

CRENÇAS LIMITADORAS	RACIONALIZAÇÃO
E se der branco?	O famoso **"branco"** está relacionado à questão emocional, por causa do estresse por estar diante do público. Se você ficar com medo de dar branco, a chance de ele acontecer aumenta. Se tiver um **"apagão"**, mantenha a calma e repita a última frase que você disse, como se desejasse dar mais ênfase a essa informação. Você também pode dizer: "O que quero dizer é...". Outro caminho é dizer que voltará mais tarde àquele ponto e segue com o próximo tópico. O ideal é que você realmente volte a esse ponto na sequência, mas caso não volte, provavelmente ninguém te cobrará por isso. E se por acaso alguém cobrar, esse questionamento dará a você o *click* que necessita para responder o que for necessário. De qualquer maneira, tenha em mente que uma apresentação não é um teste de memória. Você pode usar um roteiro (uma "colinha") para dar olhadelas rápidas durante a sua fala. O melhor orador não é aquele que decora mais informações, pois não adianta nada ter tudo na cabeça e não saber transmitir. Pode ser que você nem use a sua "colinha", mas só o fato de saber que pode contar com ela já lhe deixará mais tranquilo. Outra dica: respire durante sua fala (isso manterá seu cérebro devidamente oxigenado).

E se falhar a projeção de slides?

Em primeiro lugar: faça valer a regra do plano b, plano c etc. Sem projeção de slides, use o *notebook* para se apoiar e fale. Sem *notebook*, use papel para se apoiar e fale. Sem papel, simplesmente fale. Sempre há uma solução alternativa – esteja preparado para ela.

Em segundo lugar: a projeção de slides é apoio. Isso significa que se ela não funcionar, pena, mas isso não deve atrapalhar você em nada. A projeção seria apenas um *plus* – nada mais do que isso. Se não tiver projeção, você deve fazer a apresentação igualmente tranquilo.

OUTRAS DICAS PARA VENCER O MEDO RUIM

- Tenha o seu roteiro "redondinho" – muitas vezes, o nervosismo que antecede uma apresentação é oriundo do seguinte pensamento: "Meu material não está tão bom quanto poderia estar". Dedique mais algum tempo para conferir seu material, certificando-se de que ele está na sequência ideal, e faça os ajustes necessários. Com a certeza de que seu conteúdo está "redondinho", você vai mais tranquilo para a apresentação.

- Ensaie antes – converse com os amigos, familiares e colegas sobre o que vai explanar. Isso servirá de treino, ajudará na memorização do assunto, possibilitará sentir a reação das pessoas em relação a cada parte da apresentação, possibilitará saber quais são as dúvidas e objeções que poderão ser levantadas, e deixará você mais seguro, reduzindo o nervosismo para a apresentação oficial.

- Cuide do início de sua fala – sem dúvida, o início é a parte mais difícil de uma apresentação para o orador, com o passar da apresentação, o orador vai "se soltando" – isso é natural. Não deixe para descobrir suas primeiras palavras apenas na hora que encarar o público. É muito mais prudente refletir sobre suas primeiras palavras com antecedência, para que você não pareça perdido na hora. No início vá de leve: não comece com toda intensidade vocal, se movimentando e fazendo muitos gestos. Ninguém pisa 100% no acelerador quando acende o sinal verde; a primeira acelerada não pode ser abrupta. "Se solte" quando perceber que aquela ansiedade inicial passou. Isso tudo é muito natural. Cantores afirmam que no início da apresentação ainda existe nervosismo – mesmo aqueles que se apresentam todos os dias. Eles afirmam que o nervosismo só passa completamente a partir da segunda ou terceira música. Mesmo que eu diga que o nervosismo no início da apresentação é o normal, não use isso de desculpa para errar à vontade no começo. Ao mesmo tempo que o começo é crítico para o orador, é o momento em que o público decidirá se vale prestar atenção em você;

- Respire – ao brigar com alguém, você sente sua respiração ficar ofegante, mesmo que você esteja parado no lugar. Isso porque o seu interno afeta a respiração. Mas essa é uma via de mão dupla, o interno afeta a respiração, mas a respiração também pode afetar o interno. Você respirar tranquilamente é outra forma de dizer ao seu cérebro que você não está em situação de risco, o que interromperá a produção de adrenalina e cortisol. Se você visse um leão na rua, algo que não faria seria respirar fundo. Se você respira fundo, o cérebro então entende que não há perigo real. Stephen Lucas afirma que pessoas tensas respiram de forma curta, superficial, e com isso ficam ainda mais ansiosas. De acordo com M. J. Ryan: *"Respire lenta e profundamente e relaxe ao máximo o corpo. A respiração rápida é um sinal de que você está agindo por instinto, e com isso não está em contato com todos os recursos de que dispõe para lidar com a mudança. Umas poucas respirações lentas e profundas transmitem às partes do seu cérebro responsáveis pelo comportamento instintivo que você não está em perigo, e que pode se acalmar. Então você será capaz de pensar com mais clareza, com uma visão mais ampla e profunda"*. A respiração deve ser feita pelo diafragma: você inspira (puxa o ar) e a barriga deve expandir, ao expirar (soltar o ar), a barriga volta. Nesse ato não há necessidade de levantar/abaixar os ombros em momento algum. Caso você esteja inspirando levantando os ombros e expirando abaixando os ombros, sua respiração está sendo torácica, o que está errado. Corrija e faça a respiração pelo diafragma. Isso reforça a sua respiração, fornecendo mais oxigênio para o seu cérebro raciocinar melhor e para a sua voz ficar mais potente. Eduardo Adas, Rogério Chequer, Sabrina Mello e Tatiana Vial dão a dica: se estiver muito agitado, foque na expiração, se precisar se energizar, foque na inspiração.

- Diminua a velocidade da fala, faça pausas e respire — a pessoa nervosa fala mais rápido do que costuma, não faz pausas e respira de forma deficitária enquanto fala. Isso é causado pelo nervosismo. Mas lembre-se da via de duas mãos: se você se forçar a diminuir a velocidade da fala, fazer pausas e respirar, fará o nervosismo diminuir, porque seu cérebro entende que você não está em uma situação de risco.

Este capítulo reuniu diversas explicações e dicas que podem te ajudar. Espero que algo funcione para você, e sou ciente de que algo que funciona para uma pessoa, pode não funcionar para outra. Não há receita de bolo – se houvesse, ninguém mais teria medo de falar em público. Para concluir este capítulo, digo o seguinte: se não tiver coragem, finja que tem e vai assim mesmo. O primeiro livro de oratória que eu li foi *Como falar em público e influenciar pessoas no mundo dos negócios*, de Dale Carnegie. Entre tantas coisas que me chamaram a atenção neste livro, a principal delas foi a citação de uma frase de Willian James: *"A ação parece seguir-se ao sentimento, mas, na realidade, a ação e o sentimento caminham juntos. Regulando a ação, que se encontra sob um controle mais direto da vontade, podemos, indiretamente, regular o sentimento que não se encontra nessa mesma situação"*. Quer coragem? Aja como se tivesse coragem. Entretanto, isso apenas funcionará se você estiver devidamente preparado.

PARTE 4

DESAFIOS DO ORADOR

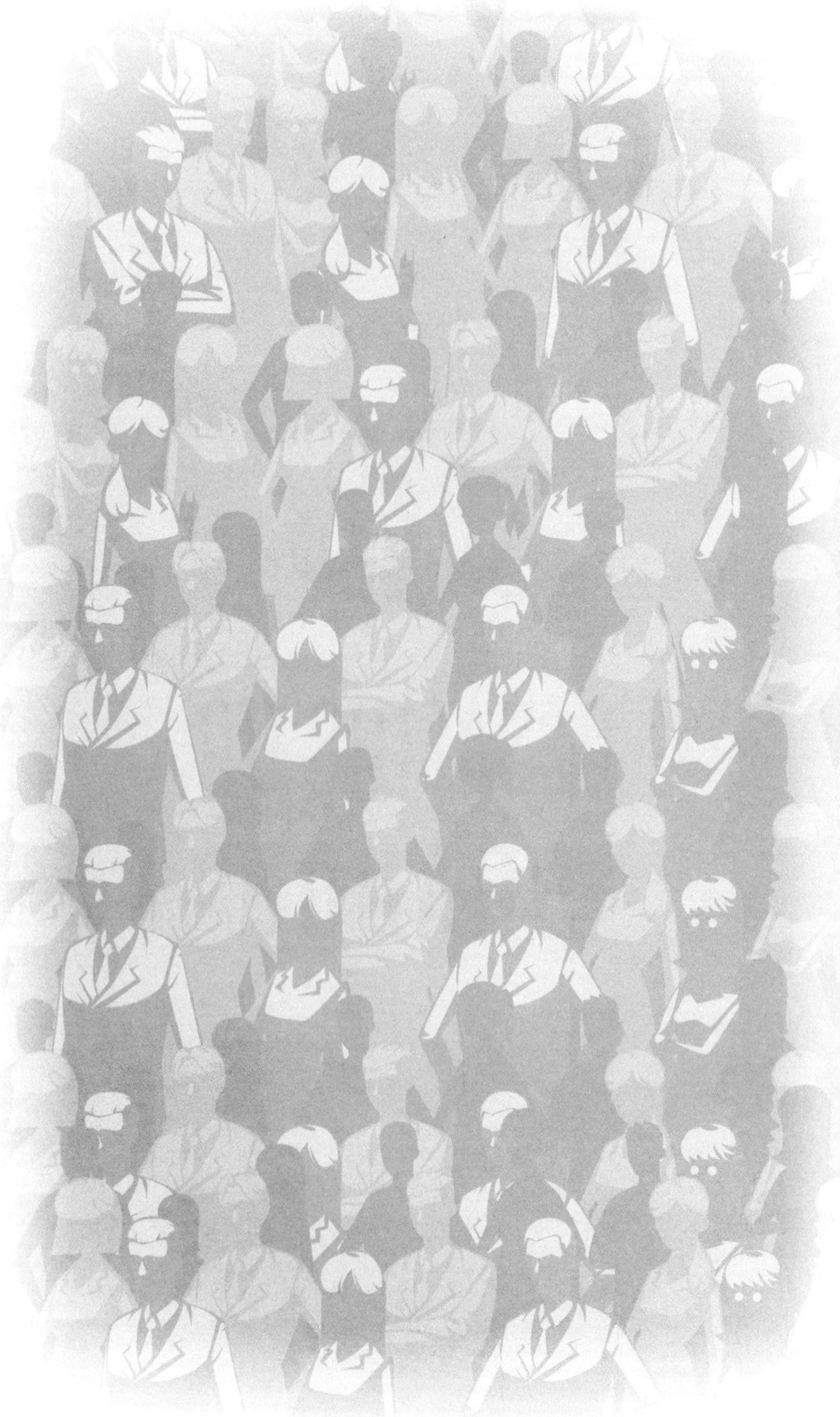

CAPÍTULO 8

DESAFIOS DO ORADOR

A Semana Interna de Prevenção de Acidentes do Trabalho (SIPAT) estava acontecendo a pleno vapor na empresa. Na manhã de quinta-feira, Vagner era o palestrante e ele falaria sobre a saúde do trabalhador. Sua apresentação começou e logo percebeu que aquelas pessoas que estavam lhe assistindo não pareciam tão interessadas. Foi um grande desafio para Vagner, que se incomodou com as conversas paralelas e com aqueles que ficavam olhando para o celular. Sem obter êxito com a sua apresentação, Vagner encerrou sua fala agradecendo a atenção. Depois ele pensou: "Mas que atenção? Eles nem me deram atenção!" e saiu decepcionado.

Então subiu ao palco o Marlon. Ele trabalhava no Departamento de Recursos Humanos da empresa e estava coordenando aquela semana. Marlon deu vários recados, entre eles o de que havia chegado um *kit* com brindes relacionados à SIPAT e que os participantes deveriam ir a determinado local entre 13h e 14h para fazer a retirada. Entretanto, o pessoal não compreendeu tão bem sua mensagem, e poucos apareceram no local e horário combinado. Dentre aqueles que estavam no auditório e ouviram seu recado, muitos foram fora do horário. Muitos foram em locais errados. Muitos diziam para os colegas na hora do almoço: "O quê? Um *kit*? Onde? Como eu faço para pegar?". Depois de tudo isso, vieram muitas reclamações, alegando desorganização e falta de informações referentes à entrega do *kit*. Marlon ficou revoltado, pois ele tinha avisado, o que houve foi que muitas pessoas não prestaram atenção e muitos entenderam errado.

Neste capítulo serão analisados os dois desafios que um orador possui: 1º – fazer as pessoas prestarem atenção; 2º – prestando atenção, que compreendam a mensagem corretamente. A seguir apresentamos toques que vão tanto para o Vagner e para o Marlon quanto para você, leitor, que deseja ser um orador impactante.

RETENÇÃO DE ATENÇÃO

O orador é aquele que conduz o público do ponto A ao ponto B. Supõe-se que todos iniciam essa viagem juntos. Quando o orador tem êxito, ele faz o percurso e chega ao ponto B com a atenção de 100% das pessoas. Logicamente, cada pessoa é quem decide se vai prestar atenção no orador, todavia, ele influencia e muito nessa decisão.

▸ O cérebro e atenção

Carmine Gallo cita Dr. Gregory Berns, que diz: *"o cérebro é fundamentalmente um pedaço de carne preguiçoso"* – ele prefere não gastar energia, para fazê-lo evoluir foi preciso que se saísse da zona de conforto. Entretanto, o cérebro não gosta de sair desta zona.

Koegel afirma que nenhum orador consegue manter a "atenção total" do público durante todo o tempo. Isso é algo pesado demais para o cérebro humano, que dispõe de uma grande quantidade de informações. Mesmo que a apresentação seja ótima, quem está assistindo relaciona algo que ouviu com suas experiências e por isso o pensamento tende a flutuar. Por vezes, uma palavra dita ou um tom de voz faz a pessoa lembrar de algo sem relação nenhuma com a apresentação, como a viagem que fará final de semana. Para Koegel, não se trata de manter a atenção do público, mas de recuperá-la o tempo todo.

Prestar atenção gasta energia, logo o cérebro analisa bastante se vale a pena o dispêndio energético. Se ele ficar na dúvida, optará por não se concentrar na apresentação.

COMO DEIXAR O PÚBLICO ALERTA

Segundo Eduardo Adas, Rogério Chequer, Sabrina Mello e Tatiana Vial, o cérebro precisa de imprevisibilidade para prestar atenção. Ele se desconecta com qualquer coisa previsível. Se você não der novidade nenhuma para o público, seja de conteúdo, de forma de falar, de linguagem corporal, ele ficará com a impressão de que se trata de um evento estático. Isso tudo é o cenário perfeito para a saída (dispersão do pensamento), porque o cérebro foi treinado para perceber situações de perigo e tomar uma decisão, objetivando a sobrevivência.

Fitzherbert esclarece que as pessoas olham para onde há movimento, som, contraste, ou para onde haja algo novo. Se você faz uma apresentação parado, com a voz monótona e slides previsivelmente cheio de textos, o cérebro das pessoas fará a seguinte análise: "Não há novidade alguma já faz um tempo e possivelmente a apresentação ficará nisso. Posso relaxar, pois não serei atacado por nada nessa monotonia".

Risco de sofrer um ataque é igual a atenção total. Sem risco de ataque, o cérebro relaxa para não gastar energia. É estranho que nosso comportamento ainda seja assim, pois não enfrentamos mais os mesmos perigos que enfrentávamos quando ainda morávamos em cavernas. Todavia, por incrível que pareça, nosso cérebro ainda funciona assim. Isso significa que o orador deve atacar o público para deixá-lo atento? É claro que não! Simplesmente siga as dicas a seguir:

- movimente-se – faça isso caso o contexto lhe permitir. O fato de você se movimentar deixa o público atento;

- não fale de forma monótona – use a variação de entonação da voz, a ênfase, a variação do volume, da velocidade e as pausas – isso garante um discurso agradável de se acompanhar;

- olhe para as pessoas – é impossível ignorar alguém olhando para você;

- use slides – cada vez que entra um slide novo, há uma novidade para se prestar atenção. Mas novamente frisamos: capriche nos slides.

COMO FACILITAR PARA O PÚBLICO

A regra é simples: se o cérebro tiver que trabalhar muito, a pessoa desiste de prestar atenção. O cérebro pensa: "O que está sendo dito necessita de muita energia para compreender e esta situação não oferece risco à sobrevivência, portanto, vou desviar a atenção e relaxar".

O grande orador facilita as coisas para o seu público. Ele pega um conteúdo complexo e transmite de forma simples. As pessoas não precisam se esforçar tanto para entender e, por isso, acompanham o raciocínio do orador tranquilamente. Ao perceber que está compreendendo, o cérebro libera dopamina, o que aumenta a vontade de compreender ainda mais a mensagem. As pessoas se sentem bem com isso, e é por este motivo que conseguimos assistir a uma apresentação de horas e ainda querer mais.

O segredo para manter a atenção das pessoas é "mastigar", é "entregar tudo de bandeja", propiciando que o cérebro delas não se canse em momento algum. Como fazer isso? Veja as dicas a seguir:

- utilize uma linguagem simples, concreta e específica – nada de usar termos complicados, abstratos e genéricos. O que precisa ser simples é a linguagem e não o material. Se o seu material for muito básico, o cérebro julgará que dá conta de pensar em outras coisas enquanto acompanha seu raciocínio. Se você tiver um material complexo e usar uma linguagem difícil, o cérebro de quem está lhe assistindo ficará com preguiça de acompanhar você. Busque sempre um material profundo e interessante, transmitindo-o em linguagem simples. Assim você estará "mastigando-o" e tornando sua absorção mais leve;

- seja original – o que as pessoas mais recebem hoje em dia são informações. Para que elas, de fato, prestem atenção na sua mensagem, seja criativo, diferente dos demais oradores;

- conte histórias e cite exemplos contextualizados – todos gostam de uma história e de um *case*, mas cuidado para que eles não sejam demasiadamente longos e/ou difíceis de acompanhar;

- divida o conteúdo didaticamente em partes – os escritores fazem isso no livro e você fará na sua apresentação. A existência de tópicos favorece a retenção de atenção, enquanto que a percepção de que tudo de se trata de coisa só favorece o desvio de atenção;

- use analogias para tornar conhecido aquilo que é desconhecido – se estiver falando de números, faça alguma relação; se estiver falando de conceitos, exemplifique com algo do cotidiano;

- faça perguntas – estimule a participação, nem que seja apenas mentalmente. Estimule uma atitude ativa por parte do público na apresentação, nunca passiva. Quem tem atitude passiva acha que tudo aquilo não tem nada a ver consigo e se distrai;

- capriche nos seus slides, reforçando seu discurso por meio do apoio visual;

- passe um vídeo;

- proponha uma atividade (uma dinâmica).

REGRA DOS 7 MINUTOS

Susan Weinschenk diz que se o orador for bom e o assunto interessar, o público consegue manter a atenção por 7 a 10 minutos. Logicamente, se o orador for ruim e/ou o assunto não interessar, esse tempo diminui drasticamente. Vamos supor que você seja bom e que, entre 7 a 10 minutos, o público dê 7 minutos de atenção (vamos ter como referência o tempo mais baixo da pesquisa). O que fazer se sua apresentação dura uma hora e as pessoas prestam atenção apenas sete minutos? Você deve apertar o botão *reset* do tempo de atenção – isso significa "zerar" e ganhar mais sete minutos. Você "zera" o tempo se contar história, citar um exemplo, mudar de tópico, fazer perguntas (mesmo que retóricas), fazer analogias, apresentar problemas e soluções, movimentar-se, passar um vídeo, propor uma atividade etc.

CONTEÚDO VERSUS ENTRETENIMENTO

Dale Carnegie defende que uma apresentação serve para convencer, persuadir, informar ou entreter, sendo possível usar mais de um desses elementos na mesma apresentação. Convencer significa fazer a pessoa pensar como você, mas isso não leva a nenhuma ação. Persuadir já necessita que o seu público faça algo que você recomendou. Informar é simplesmente dar ciência de algo para o público. Neste tópico, esses três objetivos da fala serão tratados como conteúdo.

Existem apresentações que são 100% entretenimento, que no final das contas não agregam nada. Também existem apresentações que são 100% conteúdo, fazendo o público dormir. Cuidado com esses dois extremos; prefira o caminho do meio: uma apresentação com conteúdo (que convença, persuada ou informe), mas que ao mesmo entretenha.

A porcentagem de conteúdo e a porcentagem de entretenimento depende muito do contexto. O que deve predominar?

Respondo esta pergunta com outra pergunta: qual é o seu objetivo com a apresentação? Se disser que o objetivo é convencer, persuadir ou informar, a parte de conteúdo deve predominar. Contudo, é preciso sempre haver algo de entretenimento para chamar a atenção, para atrair, para despertar no público o desejo de ouvir. Com isso, a parte de entretenimento seria o adorno ao conteúdo principal. São as histórias e os exemplos que você conta como ninguém, é a forma como você transmite a mensagem com a voz e com o corpo, é a sua sintonia com o público etc. É tudo aquilo que você faria melhor que um robô – o robô poderia despejar conteúdo no público, falando mecanicamente e sem emoção. Quantos oradores "robôs" existem por aí! O conteúdo é a razão de ser da apresentação, mas é o entretenimento que auxilia a tornar a mensagem atraente.

As apresentações normalmente são chatas porque os oradores as fazem chatas. Tudo o que o público espera é passar um bom momento assistindo você. Entre fazer da sua apresentação uma sessão de tortura ou algo leve e divertido, escolha pelo segundo caminho. E você se divirta também. Sorria. Não siga pelo modelo tradicional de apresentações sisudas, sérias e chatas. Faça tudo que estiver ao seu alcance para evitar que o público sinta o cansaço pesar bem na hora da sua apresentação e para que ninguém se lembre de mexer no celular. Você consegue isso dosando conteúdo e entretenimento.

DÊ UM ÚNICO FOCO DE ATENÇÃO

Procure sempre dar um único ponto de atenção. **No capítulo 12 veremos sobre a bala dourada e as balas de prata**. Quando estiver falando dessas balas, esteja certo de que todos estão focados em você. Contudo, o ideal é que o foco sempre esteja em você, apenas, sem concorrência alguma.

Existem concorrentes inevitáveis e os concorrentes produzidos por você mesmo, em um processo de autossabotagem seríssimo e que são totalmente evitáveis.

CONCORRENTES INEVITÁVEIS

Tenha os seguintes cuidados para contornar algo externo, que não foi ocasionado por você:

- barulhos externos – se estiver passando um carro de bombeiros, por exemplo, e o barulho da sirene for muito alto, não queira competir com este barulho. Pause sua fala por alguns segundos, sorria e, quando os bombeiros tiverem passado, continue sua apresentação;

- barulhos do público – Fitzherbert cita Derren Brown, que explicita que se houver alguém tossindo no auditório, o orador deve falar mais baixo, forçando as pessoas a ouvir mais atentamente e colocando pressão sobre quem está tossindo. Essa pessoa então se "tocará" e sairá da sala para tomar uma água, retornando com a tosse amenizada.

CONCORRENTES EVITÁVEIS

Muitos oradores fazem coisas que apenas os prejudicam. Evite ao máximo se sabotar cometendo os deslizes a seguir:

- não passe listas ou objetos – jamais passe uma lista para o público assinar enquanto você fala ou um objeto para ele manusear – se fizer isso, aquele que está com a lista ou objeto na mão, e os próximos, que sabem que sua vez está chegando, não estarão prestando atenção em você – sua voz será apenas um barulho de fundo para essas pessoas;

- não deixe o café na visão do público – Fitzherbert diz que se o café ficar na visão do auditório, é muito difícil o orador competir com barulho de xícara, e comentários como "Quer com açúcar ou sem?". É preferível deixar o café em uma antessala;

- não projete nada além do necessário – se você mostrasse um objeto para o seu público, faria sentido continuar sua apresentação segurando este objeto, mesmo depois de terminar de falar sobre ele? Não faria sentido algum. Você deveria guardar este objeto, já que o assunto agora é outro. Algo similar é muito comum na projeção de slides. Você terminou de falar sobre a tela projetada cinco minutos atrás, por exemplo, mas a tela continua ali, projetando desnecessariamente determinada informação, que agora concorre com a sua atenção. Ao terminar de comentar sobre o slide exposto, não faz sentido nenhum deixá-lo ali em exibição. Tire-o imediatamente da vista das pessoas, com as teclas "." ou "E" para deixar a tela escura, ou "," ou "C" para deixar a tela branca. Ao pressionar novamente, a tela reaparece;

- não coloque muito texto no seu slide – se você encher seu slide de texto, o público lerá mais rápido do que você e acabará de ler primeiro. Nesse tempo em que ele acabou de ler e você ainda está lendo, ele desviará a atenção.

Caso você coloque texto projetado e não leia, o público lerá por conta, se desconectando do seu discurso.

🎤 OUTROS CUIDADOS PARA QUE O PÚBLICO NÃO PERCA A ATENÇÃO

- Não passe um slide muito rápido – se você constrói um slide, é porque imagina-se que ele tenha alguma relevância. Tendo relevância, é importante para o público visualizá-lo e entendê-lo. Quando você passa muito rápido por um slide, o público sente que faltou algo e que sua sede pela informação não foi atendida. Fica uma lacuna no entendimento, sendo que muitas lacunas resultam em desistir de querer entender.

- Não passe conteúdo demais – isso faz sua apresentação se tornar confusa.

- Não divague – orador que divaga só é bom para quem tem insônia.

- Cuidado com a incoerência entre o que você verbaliza e a sua comunicação não verbal – dizer que está animado, com um tom de voz desanimado e com uma postura de derrota fará você perder credibilidade. E as pessoas pensarão: "Eu não vou prestar atenção nesse cara que quer me enganar".

- Deixar de situar o público sobre em que ponto da caminhada se está – se o público souber onde está, onde esteve e para onde vai, ele prestará mais atenção.

- Não faça mil e um cumprimentos – é interessante que se cumprimente no início da fala, sobretudo o público que está ali dando a sua atenção. Entretanto, principalmente no meio político, muitos exageram e cumprimentam todas as autoridades ali presentes, o que ocupa muito tempo da fala. O público ali presente não está nem aí para esse puxa-saquismo e essa "rasgação de seda", se desconectando do discurso.

- Não fique falando de você – no fundo as pessoas não se interessam por você (orador) e sim por elas mesmas. Fale sobre elas, sobre os problemas que enfrentam e sobre a solução para estes problemas, e com certeza o público estará atento ao que você estiver falando.

RUÍDO DE COMUNICAÇÃO

Comunicação nada mais é do que tornar uma mensagem comum. É uma pessoa saber e transmitir determinada mensagem para que outras pessoas também saibam.

A comunicação efetiva pressupõe pensar "ABC", dizer "ABC" e o receptor da mensagem entender "ABC". Entretanto, infelizmente não é isso que sempre acontece. Pode ser que você pense uma coisa, diga outra e o receptor da mensagem compreenda algo completamente diferente (pensou "ABC", disse "DEF" e o outro entendeu "GHI") – isso se chama falha ou ruído de comunicação.

Se analisar bem, a maior parte dos seus problemas pessoais e profissionais são causados pela comunicação falha.

Eduardo Adas, Rogério Chequer, Sabrina Mello e Tatiana Vial citam Mara Behlau, a qual afirma que qualquer comunicação mais complexa tem pelo menos 6% de ruído. Isso significa que mesmo que você dê o seu melhor, não há garantia de que a mensagem seja perfeitamente compreendida. Agora imagine quando o orador a transmite de qualquer jeito – aí o índice de ruído de comunicação fica altíssimo.

Cuide muito para transmitir a mensagem corretamente e auxilie o outro para que ele entenda a mensagem sem erro. Para isso, apresentamos as seguintes dicas:

- conheça o assunto e use os argumentos mais convincentes;
- saiba o que o público já conhece sobre o assunto e a partir disso construa uma linha de raciocínio que favoreça a compreensão daqueles que estão lhe assistindo;
- fale usando um linguajar simples;
- limite o conteúdo – menos conteúdo, mais entendimento;
- certifique-se de que todos estão prestando atenção em você;
- use bem o recurso vocal, sobretudo a entonação adequada, o destaque das palavras mais importantes de cada frase, a pausa e a boa dicção;

- use bem a linguagem corporal, principalmente a gesticulação e a expressão facial;
- reforce o seu discurso por meio da projeção de slides;
- tenha concentração necessária para pensar na mensagem enquanto fala. Se você estiver se apresentando no modo piloto automático, poderá vir a pensar em outras coisas enquanto fala, e com isso dirá coisas erradas, não por desconhecimento, mas simplesmente por displicência. É nessas situações que muitas vezes você pensa "ABC" e fala "DEF";
- revise sua mensagem principal, transmitindo-a com outras palavras, certificando-se de que o público a compreendeu bem.

É comum o público distrair-se durante uma apresentação e até entender a mensagem de forma equivocada. Infelizmente é comum. Todavia, é função do orador trabalhar para diminuir a ocorrência desses fatos.

Durante uma apresentação, o orador trava uma disputa com o cérebro preguiçoso das pessoas que o estão assistindo. Se o orador for ruim, facilmente verá as pessoas desatentas e entendendo incorretamente sua mensagem.

Conheço muitos oradores que apresentam um material desorganizado e abstrato, com uma linguagem difícil, falando de forma monótona, sem olhar para o público, com slides sofríveis e passando listas e objetos durante a apresentação. Aposto que você conhece oradores que fazem isso. E aposto que todos eles não têm sucesso em conquistar a atenção do público. Possivelmente, Vagner cometeu muitos desses erros.

Conheço muitos oradores que falam, falam e falam, sem destacar a mensagem principal. Eles não se certificam se todos estão prestando atenção e despejam informações, crendo ingenuamente que o público está compreendendo tudo como ele gostaria. Possivelmente foi o caso de Marlon, que depois ficou irritado porque o público não entendeu o que ele disse – mas convenhamos – ele não ajudou muito também.

Estes são os dois desafios dos oradores: reter atenção e fazer com que o outro entenda a mensagem corretamente. O orador que dá conta destes dois desafios, com certeza já se encontra num patamar diferenciado.

PARTE 5

SIMPLIFICANDO A FALA

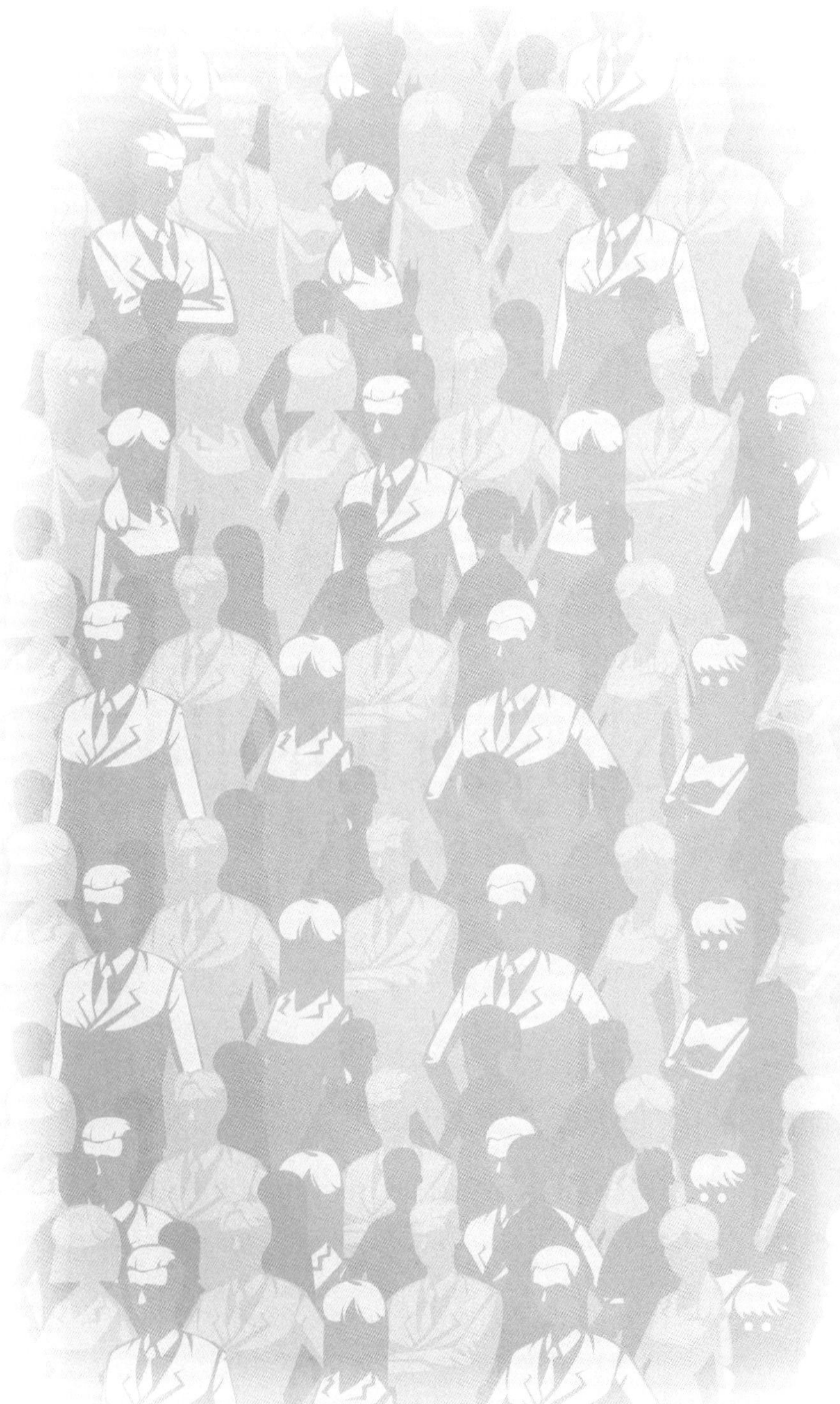

CAPÍTULO 9

CONVERSE COM O PÚBLICO

Luciane é acadêmica de administração e faz estágio em uma empresa de grande porte. Após determinada aula, ela foi até o professor e comentou algo interessante que tinha ocorrido em seu trabalho. Fez toda relação teórica com o assunto abordado pelo professor naquele dia. Foi uma conversa interessante entre os dois. O professor, que gostou muito daquele bate-papo, fez a seguinte proposta para Luciane: que ela falasse isso para toda a turma na semana seguinte. Ela, apesar do receio de falar em público, aceitou o desafio.

Na semana seguinte, quando começou a falar, já não era a mesma Luciane. Ela, que na semana anterior estava tão clara e espontânea, agora parecia tão confusa e mecânica. O professor ficou pasmo com a mudança dela.

Luciane sentiu-se frustrada depois dessa apresentação. Por que tudo deu tão errado? Luciane errou porque vive em um paradigma irreal. Ela acredita no mito de que "falar em público" é algo extraordinário, algo muitíssimo acima das conversas cotidianas. E não é apenas ela que acredita neste mito – aliás, a maioria das pessoas possui essa ilusão. Desta forma, Luciane quis fazer diferente – ao invés de conversar com o público, ela quis "representar". É como se apertasse um botão na pessoa, e ela passasse do modo natural (conversar) para o modo "representar". Detalhe: normalmente essa pessoa não é ator ou atriz, e sua representação é sinônimo de pura artificialidade. A vida inteira falamos de forma natural – então, ao falar em público, queremos fazer diferente, queremos falar termos que não estamos acostumados, queremos representar. Por isso Luciane fracassou: quis fazer algo que não estava acostumada, de forma que não estava acostumada.

Por que representar? De acordo com Stephen Lucas, as pessoas creem que precisam ser perfeitas e que não podem cometer erro algum em uma apresentação. Acreditam que o público está julgando a sua performance, assim como fazem os jurados de um concurso de dança ou canto, por exemplo. Cada deslize resulta em uma nota menor. E definitivamente não é assim que funciona. O público quer somente assistir uma apresentação clara, objetiva e que agregue em sua vida.

Aí está uma chave para vencer o medo de falar em público. Na realidade, o medo de falar em público é o medo de falhar em público. E você não precisa ser perfeito –

você não está sendo julgado por jurados atentos com o objetivo de te tirar pontos. O medo de falar em público não é algo real – é algo que existe apenas na mente daquele que imagina que falhar em público seria o "fim da sua vida". Pare de inventar moda – simplesmente seja natural e se entregue.

A seguir listamos alguns toques que vão tanto para a Luciane quanto para você, leitor, que deseja ser um orador impactante.

O PÚBLICO NÃO É UM MONSTRO

Conversar com um "João da Silva" é a mesma coisa que conversar com vários "Joões da Silva" ao mesmo tempo. Por estar em grupo, as pessoas não viram monstros prontos para te atacar no palco – elas continuam sendo pessoas.

TREINAMOS CINCO HORAS POR DIA PARA FALAR EM PÚBLICO

Primeiramente é preciso analisar as diferenças e as similaridades entre uma conversa e uma apresentação em público. As diferenças entre conversar com o professor e apresentar um assunto diante da turma são:

- o número de pessoas envolvidas (era uma pessoa na conversa e são 30 pessoas na apresentação);
- a impostação da voz (para que a voz tenha maior alcance e energia);
- a existência de um roteiro (na conversa não existe roteiro, enquanto na apresentação em público é interessante que ele exista, a fim de que não se divague e não se perca).

Embora há essas diferenças, o que predomina entre o falar em público e a conversa são as similaridades. Segundo Stephen Lucas, em ambas situações é preciso:

- organizar os pensamentos de forma lógica;
- adaptar a mensagem conforme o público;
- procurar obter o maior impacto possível;
- adaptar-se ao feedback do ouvinte.

Poderíamos acrescentar ainda o uso da voz, pois tanto na conversa como na apresentação em público eu deveria fazer pausas, destacar as palavras mais importantes da minha frase e evitar a monotonia, monovolume e monovelocidade.

Stephen Lucas ainda afirma que um adulto normal passa 30% do seu tempo acordado conversando – isso significa que passamos aproximadamente cinco horas diárias organizando nosso pensamento, adaptando o discurso de acordo com o interlocutor, buscando o maior impacto possível por meio de nossa fala, adaptando-nos ao feedback do ouvinte e usando a voz. Treinar cinco horas por dia: tudo isso é muito positivo para a nossa comunicação.

🎤 QUAL É O TIPO CORRETO DE CONVERSA?

Existem os mais variados tipos de conversa – o espectro varia das conversas chatas até às empolgantes, das conversas sem sentido até às repletas de significado.

Chris Andersen recomenda que o orador fale como se estivesse em um encontro de ex-colegas de colégio, contando o que fez nos últimos tempos. Em uma situação como essa, você quer valorizar a sua história e para isso coloca paixão e conteúdo na fala. Não se conta sua história para os ex-colegas com uma conversa vazia, com ar de desinteresse e fadiga.

🎤 DOMÍNIO E SEGURANÇA

Imagine estar conversando com alguém sobre a política de relações exteriores do Egito. O que você sabe sobre isso? O que você pode contribuir? Muito provavelmente seu conhecimento sobre isso é "zero". Ou você estaria nessa conversa apenas como um ouvinte, tão somente para aprender, ou você se sentiria perdido, sem saber o que dizer, dando palpites "furados" sobre o assunto. Na segunda alternativa, a falta de domínio e segurança sobre o assunto atrapalhariam e tornariam essa conversa constrangedora para você. O mesmo vale para as apresentações em público – a falta de domínio e segurança do orador tornam a sua apresentação constrangedora.

Estando em frente do público, converse com ele e não hesite em momento algum. Esta hesitação "derruba" o orador. Somente não hesita aquele que tiver segurança e domínio, tanto do assunto como da estrutura planejada. O orador deve saber o que está falando e o que virá na sequência. Para isso, é necessário um bom planejamento e muito treino. Antes de realizar a apresentação para valer, converse sobre ela com amigos e familiares, de maneira informal e formal. Este treino é importante para interiorizar o assunto, e aquilo tudo fazer parte de você, gerando a segurança e o domínio necessários.

NATURALIDADE GERA CREDIBILIDADE

Quanto mais artificial você for e quanto mais hesitar, menos credibilidade você terá como orador e menos as pessoas acreditarão nas suas palavras. Quanto mais natural você for, maior será a sua credibilidade e mais facilmente você conseguirá atingir seus objetivos com a apresentação.

TIPOS DE INTERAÇÃO

O público pode interagir verbalmente e/ou mentalmente. A interação verbal (público falar durante sua apresentação) é algo que alguns oradores gostam e outros não – é uma questão pessoal de preferência. É algo que em determinadas circunstâncias cabe, e em outras não – para decidir se cabe, é preciso analisar qual é o assunto e qual é o contexto geral. Essa interação verbal não é obrigatória.

Entretanto, a interação mental com certeza é obrigatória. Durante sua fala, faça muitas perguntas retóricas (indagações que não têm como objetivo obter resposta, mas simplesmente estimular a reflexão). Perguntas assim são excelentes para que o público se mantenha atento à sua apresentação. Com isso, no mínimo mentalmente, o público estará conversando com você, respondendo às suas indagações e acompanhando seu raciocínio.

EVITE O EXCESSO DE SERIEDADE

Há pessoas que quando vão falar em público fecham o seu semblante na hora e se tornam pessoas sisudas. Independente se for uma apresentação mais formal ou menos formal, para um público mais sério ou mais descontraído, o excesso de seriedade não cativa. A estratégia é diminuir a formalidade sem diminuir o profissionalismo – se aproximar do público ao mesmo tempo que demonstra toda a competência técnica.

⋯

Uma apresentação não pode ser nada forçada. Quanto mais se parecer com uma conversa, melhor. O orador excelente é capaz de demonstrar que está à vontade, deixando assim, o público também à vontade.

Dale Carnegie afirma que sempre que você se flagrar falando de forma mecânica, pense: "Ei! O que está errado? Acorde! Mostre-se humano!"

Não há razão alguma para representar, pois acredito que você não seja ator ou atriz. Não fale para as pessoas – fale com as pessoas.

CAPÍTULO 10
SEJA PRÁTICO

Fabrício é um grande especialista em sociologia. Ele domina o assunto, mas sempre que fala em público consegue dar sono até em quem sofre de insônia. É perceptível que suas apresentações são uma grande perda de tempo, tanto para ele mesmo quanto para quem o assiste.

Por que Fabrício é tão chato? Por que suas apresentações não despertam nada além do desinteresse pelo assunto? A resposta é simples – Fabrício é muito teórico.

Todos tivemos professores que sabiam passar o conteúdo e que nos fizeram gostar de disciplinas complicadas. E todos tivemos professores que não sabiam passar o conteúdo e que nos fizeram detestar uma disciplina, que a princípio tinha tudo para ser legal.

Fabrício torna-se chato ao ser exclusivamente teórico. Quando o orador demonstra como tudo aquilo se aplica na minha vida, ele mostra que se importa comigo.

Inconscientemente, as pessoas interpretavam que Fabrício não se importava com elas.

Então teoria é ruim? Não é isso. Teoria é muito importante, mas o que é ruim é 100% de teoria, listas intermináveis de conceitos e princípios. Se a pessoa não perceber que aquilo faz parte da vida dela, a ideia parecerá distante.

Dale Carnegie afirma que muitos oradores preferem falar sobre teoria, lá em cima, onde o ar é demais rarefeito para que se possa respirar normalmente. E eu morro se eu tenho dificuldade para respirar. Fale sobre histórias e exemplos, coisas práticas, que ficam aqui no chão, onde é mais fácil de respirar – é mais fácil de assimilar. É claro que é importante subidas aos conceitos teóricos para poder explicar a prática, mas não corra o risco de ficar apenas e tão somente nos aspectos teóricos.

Fornecer apenas teoria é ser chato. É vacilar nas apresentações. Ao fazer isso, não espere um resultado satisfatório.

O que Fabrício deveria fazer? Ele deveria buscar passar o conhecimento dele, mostrando como tudo aquilo influencia na vida das pessoas. É o princípio do "Fale de mim, fale da minha vida e você terá minha atenção". Como fazer isso? Por meio de histórias e de exemplos. Mas não é qualquer história ou exemplo, são as histórias e os exemplos certeiros. Enquanto você fala, as pessoas pensarão: "Isto está acontecendo comigo. Deixa eu prestar atenção no que foi feito, pois isso pode realmente ser a solução para os meus problemas". E para a pessoa, nada importa mais do que isso.

Pare de curar a insônia dos outros durante suas apresentações. Mescle a teoria com a prática. A seguir são apresentados toques que vão tanto para o Fabrício quanto para você, leitor, que deseja ser um orador impactante. Onde estiver escrito "histórias", entenda-se "histórias e exemplos". Esta simplificação é apenas para que a leitura não se torne cansativa. ;)

É BOM PARA O ORADOR

Contar história é bom para o orador, pois é mais fácil. História é linear – possui uma estrutura com começo, meio e fim bem definida. É fácil de ser memorizada e, consequentemente, fácil de ser transmitida.

Além disso, entre os desafios do orador está prender a atenção do seu público. As pessoas em geral estão muito mais interessadas em histórias do que em conceitos complexos cansativos. Por isso leem romance, lotam cinemas e assistem novela o dia todo na TV aberta. A nova onda agora são as séries nas provedoras de conteúdo via *streaming*.

Susan Weinschenk afirma que quando vemos ou ouvimos uma história, nosso cérebro reage como se estivesse vivenciando tudo aquilo. As pessoas se colocam no lugar dos personagens, elas ficam angustiadas ou alegres em um filme, por exemplo. Por isso histórias estabelecem uma ligação emocional com o público. Ao ouvir uma história, o público quer saber o desfecho dela – como não prender a atenção dessa maneira?

É BOM PARA O PÚBLICO

Contar histórias é benéfico para o público, pois a mensagem se torna contextualizada, e com isso mais compreensível. Por meio de histórias algo difícil de ser explicado torna-se simples, atraente e marcante. O que é mais fácil memorizar – uma lista de regras e fórmulas ou histórias?

TODO EXCESSO É RUIM

É preciso ter bom senso, tudo na vida em excesso é ruim. Aquela pessoa que, para tudo, ela conta uma história afugenta os outros. Não é apenas contar uma história – é contar bem, da maneira adequada. Não é apenas contar uma história – é ter o *feeling* de saber quando ela cabe e quando não.

🎤 A MENSAGEM ESTÁ EM PRIMEIRO LUGAR

Toda história quer transmitir uma mensagem, a não ser que você seja daqueles contadores chatos de história, que todos conhecem algum. Esses contadores de causos nem sempre possuem algo para contribuir e ficam ali com histórias que você nem imagina onde ele quer chegar (e se duvidar, nem ele sabe).

Então se toda história quer transmitir uma mensagem, podemos dividir da seguinte maneira: a história é a ferramenta e a mensagem é a atração principal.

🎤 NÃO É PARA "ENROLAR"

Contar história por contar, apenas para "enrolar" ou "preencher o tempo" é extremamente negativo. Ninguém tem tempo para ser "enrolado" e nem gosta disso.

🎤 ATIVE O "MODO ATENÇÃO" DO SEU PÚBLICO

Existe o modo de atenção ativado ou desativado. Quando o orador diz: "certa vez um amigo meu..." (ou seja, começa a contar uma história), quem estava no modo de atenção ativado, permanece ativado, e quem estava no modo de atenção desativado, ativa na hora. As histórias têm esse poder. Mas se o orador começa a contar a história e a história não é boa, ou o jeito de contar não é bom, adivinha o que acontece? A pessoa vai para o modo de atenção desativado no ato.

FALANDO COM A EMOÇÃO DAS PESSOAS

Robert McKee afirma em *Marketing 3.0* de Kotler, Kartajaya e Setiawan, que há duas maneiras para convencer e persuadir as pessoas. A primeira é vender as ideias com argumentos intelectuais, fatos e números. A segunda é vender as ideias com histórias. A primeira fala com a razão. A segunda fala com a emoção. E é justamente a emoção que toma a maior parte de nossas decisões, por isso as histórias funcionam tão bem para convencer e persuadir.

CONTAR HISTÓRIAS É FÁCIL

Nas suas conversas cotidianas, você está o tempo inteiro contando histórias e relatando fatos que lhe aconteceram. Não tem como você achar difícil fazer isso em público, pois é a mesma coisa.

🎤 TESTE SUAS HISTÓRIAS

Reúna familiares, amigos e colegas para testar sua história com eles. Avalie se a história rendeu ou não. Se não render quando você contar para as pessoas mais próximas, não tenha esperanças de que essa história funcionará na apresentação para valer.

🎤 CUIDADO COM HISTÓRIAS LONGAS

As pessoas gostam de dinamismo. Uma história longa necessita ser muito boa e necessita que você seja um ótimo contador de histórias, pois caso contrário, perderá a atenção do público.

🎤 DETALHES DE UMA HISTÓRIA

Em relação aos detalhes, esteja ciente que nem demais e nem de menos. Se eu exagero nos detalhes, posso cansar e chatear as pessoas com itens inúteis. Se eu dou poucos detalhes, posso tornar a história confusa. Lembre-se de que eu conto história para facilitar o entendimento do público. Se eu conto uma história confusa, estou dificultando. E além disso, detalhes de menos são lacunas, pontos não explicados, e cada pessoa preencherá essas lacunas conforme o seu desejo, dando margem a interpretações equivocadas da história. Quer que todos compreendam igualmente determinado ponto? Então forneça detalhes em relação a este ponto.

HISTÓRIAS "BATIDAS" VERSUS EXPERIÊNCIAS PESSOAIS

Evite histórias que já foram muito contadas e que todos conhecem. Quando se inicia uma história "batida" todos pensam: "Lá vem a história do pote de ouro de novo" e com este pensamento elas se desconectam do discurso do orador.

Se tiver que contar alguma história "batida", dê uma nova roupagem para ela, torne-a atraente a partir de um novo ponto de vista ou relacione-a com algo que as pessoas pensem: "Puxa vida, como não pensei nisso!?". E caso a história seja muito conhecida, basta fazer uma menção sobre ela.

Contar histórias sobre experiências pessoais relevantes é válido sim, pois reforça sua autoridade para falar. Além disso, é muito fácil e natural explanar sobre isso, afinal vivo ou vivi na pele determinada situação. Isso cria um estilo mais informal de apresentação. Entre sete bilhões de seres humanos, apenas você vivenciou determinados fatos. Utilize essas experiências para extrair conteúdos que impactam. Use sua experiência para ilustrar a mensagem que quer transmitir. Muitas palestras maravilhosas baseiam-se em uma história e nas lições aprendidas. Mas lembre-se: tudo depende da forma como você fala. Não conte sua experiência para mostrar-se superior – isso deixa o público fechado para sua mensagem, porque ninguém gosta de pessoas arrogantes. Fale com humildade (sem se rebaixar), e o público se colocará no seu lugar e sentirá apreço por você.

E se for contar histórias que aconteceram com conhecidos, dentro do seu círculo de relacionamento, saiba manter a discrição necessária.

NÃO LEIA UMA HISTÓRIA

Interiorize a história a tal ponto que você nem precise dar aquela olhadela em seu roteiro. Muito menos ler a história. Este é um momento-chave que se deve estar olhando para o público: isso gera credibilidade para o orador.

CONTEXTUALIZE

Contextualize a sua história – há histórias fantásticas, mas somente se forem contextualizadas. Sem compreender o contexto pode ser que o público entenda essa história como banal.

Quantas vezes não contamos histórias animadamente para os outros, mas eles não a recebem com a mesma animação? É porque eles desconhecem o contexto.

A HISTÓRIA TEM QUE SER BOA

Conte apenas e tão somente histórias impactantes, surpreendentes e inspiradoras, evitando as triviais.

USE BEM O RECURSO VOCAL

Ao contar uma história, empregue tons de voz diferentes durante um diálogo entre dois personagens. Isso marca a fala de cada um e chama a atenção do público, que consegue assimilar melhor.

🎤 NO MEIO CORPORATIVO

Em uma fala mais formal, não é proibido usar fábulas e parábolas, mas prefira usar histórias concretas da vida corporativa.

🎤 FORME UM ACERVO DE *CASES*

Esteja de olhos e ouvidos atentos para aproveitar conteúdos extraídos de filmes, livros, noticiário, jornais, revistas, conversas com outras pessoas, situações que aconteceram conosco etc. Se for possível, revele a fonte e a data, pois isso fará seu argumento ganhar credibilidade. Quando você precisar de uma história, terá um acervo para recorrer. Quem sabe ela se encaixe feito uma luva.

🎤 *STORYTELLING*

Algo muito em voga hoje em dia é o *storytelling*, que significa contar uma história e, ao longo dela, transmitir mensagens relevantes para o público.

Assim como em qualquer apresentação, o primeiro ponto é definir qual é o objetivo da fala e quais serão as mensagens principais. Na sequência, define-se a história que guiará a apresentação. Logicamente, esta história deve ter começo, meio e fim. A teoria pode aparecer na apresentação explicando muitos pontos da história. É importante enfatizar que o elemento principal nunca deve ser a história em si, mas as lições que ela pode trazer.

⬬

A maioria dos que sabem muito são péssimos oradores, como o Fabrício. Todavia, ele pode melhorar e se tornar um grande orador, se ele quiser, se ele pensar no público e se ele colocar em prática esses toques.

Grande orador é quem sabe muito e, ao transmitir esse conhecimento, é capaz de simplificá-lo, tornando-o acessível a todos.

CAPÍTULO 11

FALE DE FORMA QUE TE ENTENDAM

Augusto é PhD em sistemas de informação e trabalha em uma importante empresa que desenvolve programas para armazenamento e compartilhamento de dados. Em um certo dia, sua empresa foi contratada por uma multinacional para prestar serviço. Augusto fez uma visita na multinacional e conversou com várias pessoas responsáveis, a fim de entender as necessidades e oferecer soluções. Todos que conversavam com Augusto ficavam admirados com o seu conhecimento e com a dificuldade de compreendê-lo. Ao invés de esclarecer as pessoas, Augusto estava deixando todos ainda mais perdidos. O mesmo aconteceu na segunda visita. Na véspera da terceira visita, Augusto pegou uma gripe forte que o deixou alguns dias de atestado. A empresa de Augusto, sem alternativa, pediu para que o Pedro, um esforçado estagiário, fosse até à multinacional. Pedro que estava por dentro deste projeto, conseguiu desenrolar tudo que estava enovelado até então. Sua linguagem simples clareou as coisas para todos. A multinacional, por causa da visita de Pedro, bateu o martelo sobre o que faria, como faria e quando faria. A empresa de Augusto e de Pedro foi contratada pela multinacional e ganhou um bom dinheiro.

Quem sabe mais, Augusto ou Pedro? E quem conseguiu se comunicar melhor? Ter conhecimento não garante que a pessoa seja uma boa oradora. O grande orador consegue explicar algo complicado de forma simples, acessível e impactante para qualquer pessoa.

A seguir apresentamos toques que vão tanto para o Augusto quanto para você, leitor, que deseja ser um orador impactante.

TEMPO RELATIVO

O tempo é relativo: posso fazer algo que leve uma hora e nem ver o tempo passar, bem como posso fazer algo que leve uma hora e o tempo arrastar-se. O que define essa relatividade do tempo? Susan Weinschenk cita Philip Zimbardo e John Boyd (autores do livro *O paradoxo do tempo*) – eles afirmam que quanto mais processos mentais uma pessoa tem de fazer mais o tempo prolonga-se. Se a sua apresentação exigir muito trabalho mental, exigir que as pessoas pensem demais, será uma apresentação demorada, correndo o risco de deixar o público cansado e impaciente.

Faça uma apresentação profunda, mas aprofunde simplificando. Facilite o trabalho do seu público. Fale de forma simples – transforme assuntos complexos em fáceis, por meio de histórias e exemplos, contextualize sua informação. Isso facilita para que as pessoas absorvam o conteúdo e torna a apresentação uma ótima experiência, com resultado muito mais positivo.

USE BEM SUA FERRAMENTA DE TRABALHO

O encanador, o eletricista e o marceneiro, cada um tem suas ferramentas. O mínimo que se espera é que cada um desses profissionais saiba utilizar seus equipamentos, pois são eles que garantem o seu serviço bem-feito. Qual é a ferramenta de trabalho do orador? É a palavra.

EVITE FALAR DIFÍCIL

Na conversa cotidiana falamos de maneira fácil. Aí, na apresentação em público, muitos oradores resolvem mudar, falar difícil, falar termos com os quais nem sequer estão acostumados e por isso se embananam.

Mais uma razão para evitar as palavras difíceis é que elas são potenciais trava-línguas. Principalmente no nervosismo do momento, a pessoa tropeça na palavra, pronuncia ela incorretamente e já se perde toda. É claro que pronunciar uma palavra errada não é o fim do mundo, mas para aquela pessoa, já nervosa, já sob pressão, isso pode representar algo grave e que poderá vir a causar outros erros na sequência.

Mesmo que você pronuncie corretamente essas palavras difíceis, como você não costuma usá-las no dia a dia, elas se tornarão uma preocupação a mais e atrapalharão você durante o discurso.

Além disso, palavras difíceis não agregam nada para sua fala e complicam a compreensão da mensagem. Isso faz com que o público tenha que fazer mais processos mentais, tornando sua apresentação mais arrastada. Em uma leitura, o leitor pode voltar e ler de novo para entender, já em uma apresentação o público não consegue fazer isso. A comunicação oral exige rápida compreensão das mensagens – por isso, não faz sentido algum falar difícil apenas para impressionar. Pode até impressionar, mas você não será entendido.

Falar difícil é encher de lacunas (pontos não resolvidos) o cérebro de quem está lhe assistindo e isso ocasiona a perda da atenção das pessoas.

Ninguém toma uma decisão se não compreende bem. Se quiser convencer ou persuadir alguém, fale de maneira simples para ser compreendido.

Palavras difíceis são interpretadas pelo nosso cérebro como artificiais, elas comunicam apenas com o nosso lado racional e olhe lá. Dependendo da palavra, não comunica nem com o lado racional. Essa linguagem nebulosa não cativa ninguém.

Não estou dizendo que se deva falar errado, ou falar gírias ou palavrões em uma apresentação. Bem pelo contrário, fale de forma simples, básica conforme o contexto. Para que falar "inolvidável" se "inesquecível" já faz muito bem o serviço? Inclusive mantendo a formalidade, caso isso seja necessário.

Se requintar demais o vocabulário, sua mensagem não será compreendida, sequer recordada.

EVITE FALAR POETICAMENTE

Ao nos apresentarmos, é importante não falar apenas para o lado racional das pessoas que estarão nos assistindo, mas falar também para o lado emocional delas. É o lado emocional que guarda a informação por mais tempo e que toma a maioria das decisões.

O que significa falar para o lado emocional? É falar de maneira poética? Claro que não, inclusive pessoalmente considero isso muito piegas. Quando você fala de forma poética, a maioria das pessoas costuma achar lindo. No dia seguinte, essa pessoa diz para a amiga: "Você tinha que ver, a apresentação de ontem foi linda". E a amiga, interessada pelo assunto, lhe pergunta: "É mesmo!? E sobre o que foi falado?". Sabe o que essa pessoa responderá? Ela dirá: "Pois olhe, nem lembro agora, mas foi muito bonita".

Ninguém fala de forma poética no dia a dia – ou seja, ao mudar o padrão de fala na apresentação em público, estará incorrendo no erro de representar. A não ser que seja um viajante do tempo, vindo direto do século XIX – neste caso, a pessoa fala assim mesmo habitualmente.

Falar de forma poética é sinônimo de falar difícil – as pessoas nem sabem o que significa as palavras que você profere. Um exemplo é o hino nacional brasileiro – "o lábaro que ostentas estrelado", ou "mas, se ergues da justiça a clava forte" – o que significa isso? Difícil alguém saber.

Então como falar com o lado emocional? Você pode utilizar histórias e exemplos, o que naturalmente fará com que as pessoas se coloquem no lugar dos personagens e passem a sentir o que o personagem está sentindo.

Outra forma de falar com o lado emocional é simplesmente colocar empolgação na fala. Abordamos isso no Capítulo 6. A empolgação por um assunto vale mais do que palavras bonitas e desusadas da poesia.

🖊 QUADROS MENTAIS

Chris Andersen dá o seguinte exemplo: *"Imagine um exemplar da espécie* Loxodonta cyclotis, *com probóscide revestido do pigmento pantone 032U, realizando movimentos oscilatórios..."*. O que isso representa para você? Que poder essas palavras possuem?

Todavia, se eu falar "Imagine um elefante balançando a tromba pintada de vermelho vivo de um lado para o outro...". O que isso representa para você? Isso representa algo, pois temos conhecimento desses conceitos e essas palavras terão algum valor.

Entre palavras conhecidas e desconhecidas, use as conhecidas. Palavras conhecidas criam imagens (quadros mentais) e as desconhecidas não criam nada.

Entre palavras concretas e específicas, e palavras abstratas e genéricas, prefira as concretas e específicas. Dizer que fez uma viagem internacional é abstrato e genérico. O público pode pensar que você foi para onde? Cada pessoa imaginará você em um lugar diferente. Se disser que foi para Europa começa a especificar. Se disser que foi para a França especifica ainda mais. E se disser que foi para Paris, o público já formará um quadro mental com você na Torre Eiffel. Quanto mais concreta e específica for a sua fala, mais você garantirá que o público pense homogeneamente e naquilo que você quer que ele pense.

Quer que sua apresentação seja mal interpretada? Use palavras abstratas e genéricas. Quer que sua apresentação chame a atenção, seja clara e mais facilmente recordada? Use palavras concretas e específicas.

FALHA DE COMUNICAÇÃO É CULPA DO EMISSOR

Na comunicação existe o emissor e o receptor. Caso haja falha na comunicação, é princípio básico que a culpa seja do emissor. Sempre é possível transmitir a mensagem de forma mais clara. Muito disso passa por falar a linguagem do público – para crianças eu falo de um jeito, para jovens de outro, para executivos de outro e assim por diante. Reflita sobre quem é o seu público, qual é o seu conhecimento sobre o assunto e quais são os seus valores. A partir disso, construa a mensagem que você quer transmitir. Isso não é simplesmente questão de agradar – é questão de você querer que o público assimile a mensagem e ele só conseguirá isso a partir da base que possui.

E SE O PÚBLICO FOR HETEROGÊNEO?

Caso o nosso público seja heterogêneo, devemos com bom senso nivelar por baixo a nossa apresentação. Temos o costume de hipervalorizar o conhecimento das pessoas. Elas não prepararam o material, desconhecem vários detalhes da apresentação e provavelmente não viram esse conteúdo a partir da sequência lógica que elaboramos. Por hipervalorizar o conhecimento do público, queremos falar difícil, nivelamos as pessoas por cima e atingimos poucos, ou quem sabe não atingimos ninguém por meio da nossa fala.

CIÊNCIA

O software on-line da UsingEnglish.com é capaz de analisar a linguagem e apontar de forma objetiva qual é a melhor apresentação. Não há nada de subjetividade. Neste software, quanto menor a pontuação, mais clara e compreensível é a mensagem. São quatro critérios avaliados:

1) número médio de palavras por frase;

2) densidade léxica (facilidade ou dificuldade de ler um texto);

3) palavras duras (palavras com mais de três sílabas – geralmente menos compreendidas);

4) índice de legibilidade (quantidade de anos de educação que um leitor precisa para compreender).

Carmine Gallo cita o artigo de Todd Bishop, o qual analisou uma apresentação de Steve Jobs na Macworld de 2007 e uma apresentação de Bill Gates na Consumer Electronics Show de 2007. Observe a diferença entre os dois:

	Steve Jobs (Macworld 2007)	Bill Gates (Consumer Electronics Show 2007)
Média de palavras/frase	10,5	21,6
Densidade léxica	16,5%	21%
Palavras duras	2,9%	5,11%
Índice de legibilidade	5,5	10,7

Qual deles fala de forma mais simples? Qual fala de forma concreta e específica? Qual é o mais compreendido? Qual é reconhecido como um dos maiores oradores de todos os tempos? A resposta é Steve Jobs.

•••

Se avaliarmos bem, praticamente tudo que escrevemos ou dizemos pode ser dito de forma mais simples. Por isso é importante pensar para falar – se eu não penso, falo de qualquer jeito e o outro também entende de qualquer jeito.

Carmine Gallo perguntou certa vez para Suze Orman como ela transformava assuntos financeiros complicados em coisas fáceis de entender. Ela respondeu que era simplificando a informação. E Gallo a questionou: *"Mas se sua mensagem for muito simples, você não se arrisca a não ser levada a sério?"*. Suze Orman respondeu que não se importava, ela disse preferir uma comunicação efetiva do que simplesmente parecer inteligente.

O orador precisa fornecer algo para as pessoas se quiser ganhar o reconhecimento. Orador que fala difícil quer parecer o "inteligentão" e não dá nada para o público.

Ideias complexas e palavras difíceis qualquer pessoa encontra em livros ou na internet. Entretanto, o "top" é quando o orador consegue pegar ideias complexas e transmiti-las de forma simples. Albert Einstein já dizia: *"Se você não consegue explicar algo de modo simples é porque você ainda não entendeu suficientemente bem"*.

PARTE 6
PREPARANDO O MATERIAL

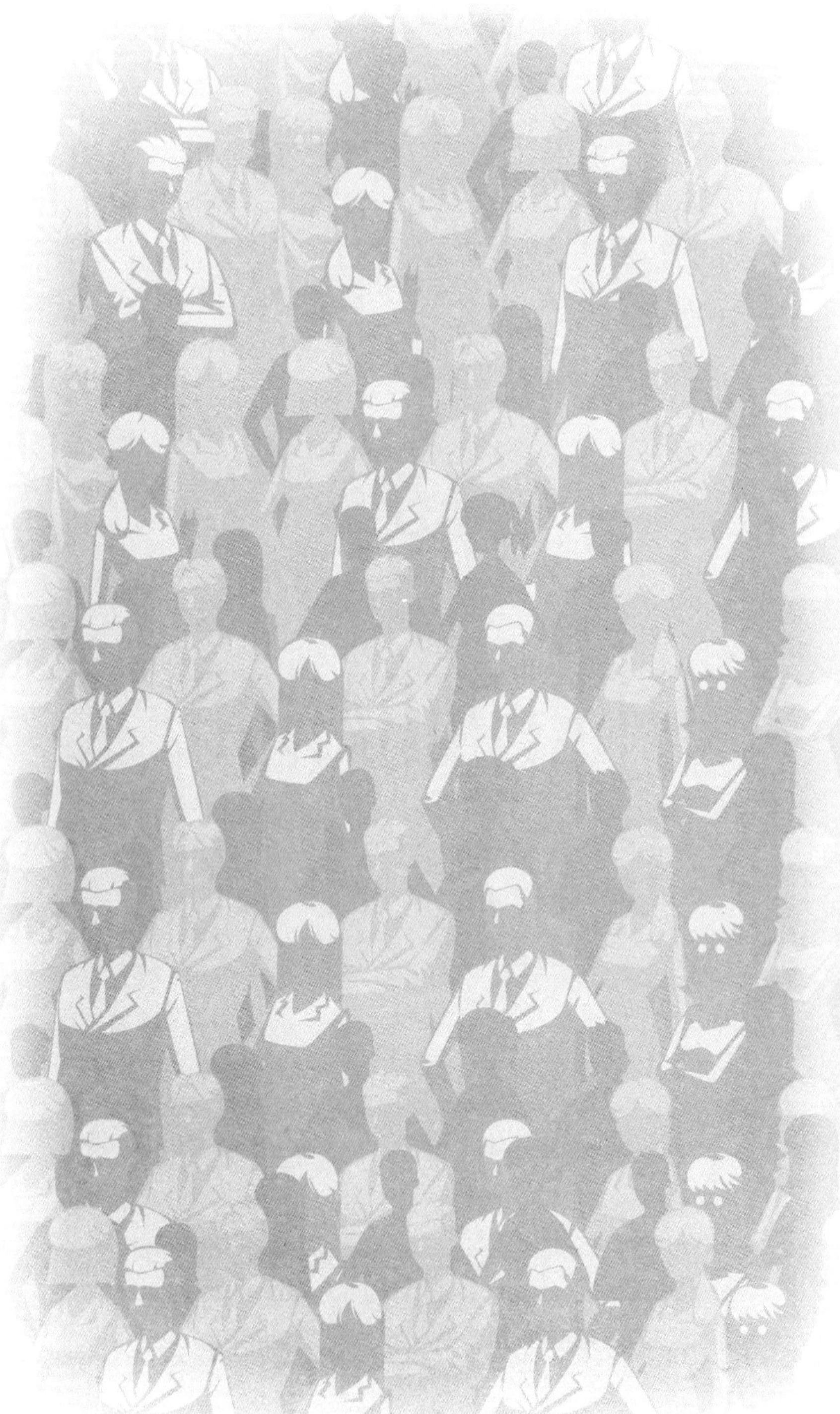

CAPÍTULO 12

E AGORA, COMO PREPARAR O MATERIAL?

Kátia, a chefe da Unidade de Saúde Ranchinho, desejava promover uma palestra sobre qualidade de vida. Ela gostaria que um profissional de Educação Física falasse para o seu público, mas ela não dispunha de ninguém com essa graduação em seu quadro. Kátia foi até a Escola Ranchinho e pediu para conversar com a professora de Educação Física. A diretora a conduziu até o ginásio, onde Thaís estava dando aula para o primeiro ano. A aula de Thaís era muito boa e todos os alunos a admiravam. Ela possuía um grande conhecimento na área. Kátia foi direto ao ponto e perguntou para Thaís: "Você é professora de Educação Física? Formada?". Thaís respondeu que sim. Então Kátia fez o convite: "Venha fazer uma palestra sobre qualidade de vida em nossa Unidade de Saúde". Thaís sabia que sua diretora a liberaria, a grande dúvida que pairava no ar era sobre o que falar e por onde começar. Thaís tinha conhecimento, mas não estava acostumada a fazer palestras. E agora, como preparar o material?

Thaís, embora seja uma boa profissional, resolveu seguir pelo pior caminho para preparar sua apresentação. Ela simplesmente pegou qualquer material na internet, não se dando ao trabalho de pesquisar algo mais interessante. Então copiou e colou no PowerPoint. No dia da apresentação, ela apenas leu slides; sua fala não cativou ninguém, tratou-se de um "fazer por fazer". Ela perdeu uma grande oportunidade para mostrar seu potencial e para despertar algo nas pessoas que a assistiram.

A seguir apresentamos toques que vão tanto para a professora Thaís quanto para você, leitor, que deseja aprender a preparar uma apresentação e ser um orador impactante.

ENTENDENDO QUAL É O EVENTO E QUEM É O PÚBLICO

Quando você for preparar o seu material, o primeiro passo é entender do que se trata o evento e quem é o público. Estas informações nortearão o seu preparo.

Em relação ao evento, é interessante que você saiba:
- qual é o contexto da ação – o que está acontecendo para ter culminado no convite que você recebeu;

- qual é a expectativa de quem o convidou;

- se é uma apresentação isolada ou compõe uma série de apresentações – se sua apresentação fizer parte de uma programação maior, procure saber como tudo funcionará, a fim de que você seja uma boa peça na engrenagem do evento e também para não se tornar repetitivo;

- qual o tempo que tem à disposição (qual é o horário de início e horário de término);

- se há espaço para perguntas e respostas – isso você pode combinar com a organização, cuidando para que essas perguntas e respostas não extrapolem o tempo que você tem disponível;

- se é possível utilizar algum recurso de apoio (se você quiser usar);

- qual é a estrutura do local, como é o ambiente (grande, médio ou pequeno) e como é a disposição das cadeiras;

- se a ação tem um caráter mais formal ou informal – Stephen Lucas diz que quanto maior o público, maior a necessidade de formalidade e que quanto menor o público, menor é esta necessidade. Contudo, algumas situações com público pequeno ainda exigem formalidade.

Em relação ao público, que é o elemento mais importante de uma apresentação, é interessante que você saiba:

- quem é seu público;

- quantas pessoas assistirão à apresentação;

- o que ele já sabe;
- o que ele quer saber (qual é o interesse dele);
- por que as pessoas estão indo a este evento – pode ser que estejam indo obrigadas, como também podem estar indo voluntariamente; sem pagar nada ou pagando;
- o que o público sabe sobre você (o orador) – se possuir algum prestígio, já iniciará sua fala com algum crédito a mais. É interessante que alguém da organização faça a sua apresentação antes do início. De qualquer maneira, o seu desempenho é mais importante do que a sua reputação;
- se há algum ponto de resistência em relação ao tema ou em relação a você – se a resistência for em relação ao tema, apresente-o de forma mais leve e interessante, fazendo com que o público supere eventuais pré-conceitos. Se a resistência for em relação a você, que o seu desempenho, juntamente com a sua sintonia com o público vençam esse obstáculo.

Infelizmente, muitas vezes você poderá ter poucos dados ou nenhum dado sobre o público. Isto não é impedimento para que você se prepare e exige, na realidade, que você faça uma estimativa, principalmente em relação aos itens "o que o público já sabe" e "o que quer saber".

O que mais interessa para as pessoas? Elas mesmas. Por que as pessoas investem seu tempo em assistir uma apresentação? Porque querem ter algum benefício com isso. Fale sobre elas ou sobre coisas que impactem suas vidas e você terá toda a atenção. Não fale sobre elas ou sobre coisas que não lhes impactem e você falará para as paredes.

É muito difícil encontrar um público homogêneo e por isso, se você quiser customizar sua apresentação, deverá observar as características predominantes. Logicamente, cuide para apresentar informações interessantes também para aqueles que estão fora do grupo das características que prevalecem.

Outra missão complicada é encontrar um público homogêneo no sentido de conhecimento. Aqui vai um grande cuidado: não superestime o público, esse é um erro muito comum. As pessoas normalmente têm noções vagas, e só. Você, orador, preparou o seu material e está muito mais inteirado sobre o assunto. Seu dever é ajudar o público a montar o quebra-cabeça, reunindo as noções vagas que possuem, fazendo com que elas ganhem sentido. E mesmo que tenha alguém que conheça sobre tudo o que você estiver falando, essa pessoa nunca viu esses conceitos nesta sequência que você preparou, pela perspectiva que está apresentando. Portanto, a melhor opção sempre é aprofundar falando de maneira simples, o que agrega tanto para o leigo quanto para o especialista que estiver lhe assistindo. A fala simples é acessível para ambos. O problema é que infelizmente os oradores são superficiais falando difícil – aí não agradam ninguém.

A próxima etapa será preparar o material a partir das informações colhidas ou estimadas pelo orador.

FORMAS DE FALAR EM PÚBLICO

Segundo Stephen Lucas, há quatro maneiras para se falar em público:

1º: lendo – é aceitável no caso de uma autoridade, como um Presidente da República;

2º: falando algo decorado – não é o recomendado para nenhum orador;

3º: falando de improviso – conforme veremos no **Capítulo 13**, é muito melhor quando o orador se prepara;

4º: fala preparada e espontânea – esse é o método que você deve usar. A mensagem é preparada, estruturada com começo, meio e fim, mas a transmissão da mensagem é espontânea. Você poderá repetir essa apresentação e usar palavras ligeiramente diferentes. Neste método, o orador está preso à mensagem, e não às palavras, o que garante a espontaneidade necessária para cativar o público.

OBJETIVO

Qual é o seu objetivo com a apresentação? Tem que ter algum objetivo. Se não tiver, sua fala não tem razão para acontecer.

O que você quer que as pessoas saibam ou façam após assistirem você? Sua fala somente terá êxito se atingir esse objetivo estabelecido. Portanto, o objetivo também é o indicador de sucesso de uma apresentação.

MENSAGEM PRINCIPAL

A partir do seu objetivo, elenque as principais mensagens que você deseja transmitir. Chamaremos essas mensagens principais de balas de prata. Mas entre essas mensagens, há uma que se destaca sobre todas as outras – essa não é de prata – essa é dourada. Isso significa que toda apresentação possui algumas poucas balas de prata, que você deve procurar acertar as pessoas do seu público, e uma bala dourada, que você tem obrigação de acertar a todos. Acertar significa fazer as pessoas lembrarem do que você disse. Se alguém perguntar para qualquer pessoa que assistiu sua apresentação do que ela se lembra, ela deve relatar sobre a bala dourada. Se ela falar da bala dourada e de algumas balas de prata, melhor ainda.

A bala dourada (mensagem principal) não pode ser qualquer mensagem – ela precisa impactar. Muitas apresentações são chatas simplesmente porque até mesmo a mensagem principal é fraca. Para a mensagem principal ser forte, não precisa inventar a roda – logicamente que se você tiver uma informação nova, ótimo, mas basta abordar o assunto conhecido por um ponto de vista diferente, relevante e que auxilie na solução de algum problema do público.

Uma apresentação não pode ser tudo uma coisa só. Podemos dizer que as balas, tanto a dourada como as de prata, tratam-se de tópicos. Todo livro é dividido em capítulos (partes), portanto sua apresentação também precisa ser dividida em partes (tópicos).

Tudo que você falar na sua apresentação estará sustentando alguma dessas balas – são as histórias, exemplos, estatísticas, argumentos respaldados etc. que farão o reforço das balas, tornando-as mais fortes e compreensíveis.

É possível que, no desenrolar do preparo, novas mensagens principais surjam. Fique à vontade para tentar encontrar um lugar para elas, de acordo com a relevância que possuam.

Vamos supor o seguinte: você tem uma bala dourada e três balas de prata. A bala dourada ocupa 35% da sua fala. As três balas de prata ocupam respectivamente 30%, 30% e 5% do tempo da fala. O que está errado? Não há equilíbrio entre as mensagens principais. Não é necessário falar exatamente o mesmo tempo sobre cada bala, aliás, é abominável qualquer "engessamento" desse tipo, mas se houver muita discrepância, alguma mensagem que você julga como principal está se relevando inconsistente. Pode ser que o item pouco falado não foi bem desenvolvido, ou pode ser que realmente ele não seja uma mensagem principal, cabendo dentro de outra bala.

🎙 LIMITE O ASSUNTO

É muito comum alguém começar falando assim: "Hoje vou falar sobre determinado assunto, mas isso é impossível, porque tem muita coisa para se falar e tão pouco tempo". Em primeiro lugar, todo assunto tem muita coisa para falar sobre ele, por isso, é importante estabelecer uma limitação do assunto. Em segundo lugar, se há pouco tempo, por que perder tempo dizendo que tem pouco tempo? E por incrível que pareça, tem gente que leva dez minutos falando sobre isso, em uma total falta de planejamento e objetividade.

Todo assunto é como o oceano – é algo muito amplo. Então faça um quadrado no mar, é sobre esse quadrado que você falará, é esse quadrado que você explorará.

O princípio que justifica a limitação é: quanto mais assuntos quiser abordar, menos o público conseguirá absorver. Menos é mais, é melhor falar de menos assuntos e aprofundar mais.

🎙 APROFUNDE O ASSUNTO

Não basta delimitar um quadrado no mar e ficar navegando na superfície com o seu barquinho. Você precisa utilizar um submarino, explorando satisfatoriamente o seu espaço. O público está ali dando o seu tempo – é algo muito precioso nos dias de hoje e por isso a apresentação precisa ter profundidade, fazendo com que as pessoas saiam melhores do que quando chegaram. Quando dizemos melhores, é no sentido de mais informadas, ou mais energizadas, ou mais entendedoras etc. Chega de apresentação que não agrega nada. Você pode aprofundar apresentando informações novas ou simplesmente repaginando informações conhecidas, mostrando pontos de vista que o público se surpreenderá e pensará: "*Puxa, como não tinha visto dessa maneira antes!*".

LINHA MESTRA

Planejar uma apresentação é estabelecer qual é o ponto A (ponto de partida), qual é o ponto B (ponto de chegada) e construir a estratégia para percorrer esse trajeto. Quem conduz o público neste caminho é o orador. O ponto A é onde o público está e, por meio de uma boa introdução, é possível chegar próximo de equiparar o conhecimento do público, ou elevar o conhecimento daqueles que possuem menos, permitindo que todos possam seguir viagem juntos. Um bom guia não perde ninguém no caminho (retém a atenção do público). Um bom guia jamais fica andando em círculos, jamais dá saltos e jamais faz mudanças sem sentido durante o percurso (segue uma linha lógica de raciocínio).

Uma apresentação não pode ser uma caminhada sem rumo para o público. Ele precisa de uma espécie de mapeamento – saber onde está, onde já esteve e para onde irá. Se as pessoas não souberem isso ficarão perdidas e se desconectarão do seu discurso.

Um livro tem sentido quando o primeiro capítulo está interligado com o segundo, que por sua vez se interliga com o terceiro e assim por diante. Uma apresentação também é dividida em partes e cada parte precisa estar interligada. O nome disso é ter uma linha mestra, que une todos os elementos do início ao fim da apresentação – é ela que garante que o orador não ficará divagando, não dará saltos e não mudará de direção abruptamente.

Normalmente a apresentação está cristalina na sua mente, que refletiu bastante sobre o material. A apresentação precisa ser clara também para aquela pessoa que está tendo contato com o material pela primeira vez. Lembre-se: se você está lendo um livro, e não entendeu algo, você pode voltar e ler de novo, até compreender. Em uma fala em público, em algumas situações é aceitável levantar a mão e pedir para o orador explicar novamente algum ponto, mas na maioria das vezes, isso não é possível. Aquele trecho da mensagem foi perdido e deixou uma lacuna de entendimento, que quem sabe pode atrapalhar na compreensão geral da apresentação. Quando a linha mestra está adequada, as pessoas sentem que estão captando a mensagem, o que as estimula a prestar ainda mais atenção, elas percebem que estão se dirigindo rumo ao domínio do assunto. Do contrário, se a pessoa está com muitas lacunas, ela julga que não adianta prestar atenção e começará a pensar em outras coisas.

USO DE TÓPICOS

Se você não dividir sua apresentação em capítulos (tópicos), tornando sua fala didática, o público fará isso por conta própria, o que poderá ocasionar ruído de comunicação. Lembre-se: é você quem conhece melhor o assunto e que sabe qual é a melhor categorização para ele, não deixe isso na mão do público. Susan Weinschenk afirma que quanto mais organizada for uma informação, maior a chance de as pessoas a passarem para a memória de longo prazo.

Um benefício de utilizar tópicos é que fica mais difícil enrolar e torna a fala mais objetiva. Outro benefício é que, caso alguma pessoa do público pense em outra coisa e perca a atenção do tópico que você está apresentando, ela pode tentar recuperar a atenção no tópico seguinte. Quando não há divisão por tópicos, ela se desconecta e não consegue mais achar o fio da meada para voltar.

Sinalize para o público quando está terminando um tópico e iniciando outro. Você pode fazer isso enumerando os tópicos, mudando de lugar no palco, pela entonação da voz, anunciando explicitamente, e/ou por meio do recurso visual.

Mas cuidado com o excesso de tópicos. Imagine blocos interligados por fios – os blocos são os tópicos e os fios são as transições entre os tópicos. Lembre-se que menos é mais: quanto mais tópicos, mais a linha mestra ficará bamba. Os tópicos que são mostrados muito rapidamente não causam o impacto esperado. Chris Andersen defende que o *"excesso de temas é igual a subexposição"*, dentro do tempo que você tem à disposição, só entre em um tópico se for capaz de conseguir mostrá-lo em profundidade suficiente para despertar interesse. Quanto mais informação você colocar, menos informação será absorvida por parte do público. Excesso de informação gera o caos.

E mais uma dica importante: ensaie antes com outra pessoa e pergunte se seus tópicos e sua sequência fazem sentido. Às vezes uma pessoa de fora consegue perceber algo a ser ajustado mais facilmente do que você, que preparou (ou está preparando) todo o material.

✏ TRANSIÇÃO ENTRE TÓPICOS

A transição entre os tópicos deve ser suave e coerente, garantindo a força do discurso e a atenção do público. Transições abruptas e inconsistentes forçam o cérebro das pessoas a trabalhar mais para entender o que está acontecendo e assim a apresentação torna-se cansativa.

Susan Weinschenk afirma que é importante treinar principalmente o início e o fim de cada tópico, garantindo a suavidade da transição.

✏ PREPARO

Qualquer apresentação possui introdução, desenvolvimento e conclusão. O preparo começa pelo desenvolvimento. Todo material que você considerar que seja "base", encaminhe para a introdução. Tudo que você considerar que seja "cobertura" (ou a cereja do bolo), encaminhe para a conclusão.

✏ INTRODUÇÃO

Cada pessoa do público chegou de uma realidade diferente. O início da sua apresentação é o momento de desconectá-las do que estavam pensando, fazendo ou sentindo antes e conectá-las com a sua fala. É a fase de conquistar as pessoas.

Na introdução, cumprimente o público e agradeça a presença dele, também agradeça o convite que recebeu da instituição que promove o evento. Ao fazer isso, além de educado, você ganha tempo para a adrenalina baixar e ficar mais tranquilo. Os momentos iniciais de uma fala sempre são os mais difíceis. O restante transcorre naturalmente. Mas muito cuidado para não exagerar nos cumprimentos, pois exagero é sinônimo de "tiro no pé" – você se torna chato e perde a chance de conquistar o público. Sabe quem faz isso? Políticos – eles cumprimentam todas as autoridades presentes, tanto para fazer jabá quanto para superar o difícil momento que é o início da fala, só que normalmente exageram tanto que não atingem o objetivo de conquistar efetivamente o público.

O início precisa mostrar a força da mensagem e para que você veio. Se você começa a assistir a um filme e ele é fraco, você continua assistindo? Se puder parar de assistir, você para. Em uma apresentação fraca, talvez o público não possa parar de assistir fisicamente, mas mentalmente com certeza o fará. A introdução serve para convencer as pessoas de que sua apresentação merece a atenção delas.

Carmine Gallo afirma que você é julgado o tempo todo, mas principalmente nos primeiros 90 segundos do encontro. Nestes 90 segundos, você pode inspirar ou desiludir o público – tudo vai da forma como você se porta, do que o seu corpo diz e da forma como pronuncia seu discurso. Já Roberto Shinyashiki defende que os primeiros três minutos definem se seremos assistidos ou aturados.

O que está correto – os 90 segundos de Carmine Gallo ou os três minutos de Roberto Shinyashiki? Não importa. O importante é que você esteja ciente de que o momento inicial de sua fala é decisivo.

Diga no início qual é o seu propósito com a apresentação, o porquê ela é importante e qual é a diferença que a mensagem trará na vida de quem está lhe assistindo. Isso fará as pessoas de fato se conectarem com o seu discurso.

A sinopse de um filme tem como objetivo fazer o público querer mais. A introdução de uma apresentação tem o mesmo propósito. Você provavelmente já conversou com alguém e não conseguia imaginar onde aquela pessoa queria chegar. Isso por vezes acontece em apresentações em público. Com isso, a sinopse também se justifica pelo seguinte motivo: ninguém caminhará com você se não souber para onde você está indo. Esclareça desde o princípio sobre o que se trata a apresentação, permitindo ao público acompanhar o raciocínio adequadamente com mais facilidade.

A apresentação nada mais é do que uma construção e como tal, necessita de uma base. Essa base é a introdução.

Não existe tempo fixo de introdução ou uma porcentagem do tempo da apresentação reservada para ela. A apresentação não pode ser algo engessado, o tempo da introdução depende do conhecimento prévio do público sobre o tema e depende do contexto. Por exemplo: um tema complexo, que seu público não conheça muito a respeito, necessita de uma introdução maior, já um tema que seu público possui certo domínio, não necessita de uma grande introdução. Use o tempo que precisar para fazer a base, logicamente sem se prolongar além do necessário, mas garantindo que os tijolos que virão na sequência estarão bem assentados.

Utilizando a sua fala introdutória e o feedback que receberá do público por meio de sua linguagem corporal, você poderá avaliar o que o público sabe, o que não sabe e qual o ritmo e intensidade que poderá empregar durante a apresentação. Se houver alguma resistência em relação ao assunto ou em relação a você, é nesse momento que elas deverão ser superadas.

As pessoas possuem diferentes níveis de conhecimento sobre o assunto que será apresentado. Na introdução, é possível tentar equiparar, nivelar o público, ou dar um mínimo de entendimento para aqueles que têm um menor conhecimento poderem acompanhar.

Evite pedir desculpas por estar despreparado. Isso é afirmar que o público não foi digno do seu preparo, independente da justificativa que você tenha, e que eles receberão um produto de segunda ou terceira linha. Se você realmente estiver despreparado, o público perceberá por si só – nem precisa avisar antes. Veja mais detalhes sobre pedir desculpas no início de uma apresentação no **Capítulo 14**.

Busque falar o início e o final da sua apresentação sem olhar anotações e sem hesitar. Sabe aquelas olhadelas em suas anotações? Nos primeiros minutos não é momento de se fazer isso. Tenha já bem memorizada as suas primeiras palavras. Um bom arranque dá a confiança necessária para o orador, que ganhará credibilidade com o público.

Toda fala pode ter de 0 a 100% de emoção e de razão. Na introdução até pode haver algo de razão, mas é o aspecto emocional que deve predominar. Para conquistar o público você pode usar de algumas estratégias:

- faça uma pergunta instigante – o público passará a refletir sobre algum ponto, e o orador, contando com a atenção total de quem o está assistindo, conduzirá o raciocínio respondendo a esta questão proposta. Essa pergunta poderá até ser retórica (quando não exige uma resposta verbal do público, mas que com certeza a responderá mentalmente). Cuide para que sua pergunta não cause nenhuma polêmica desnecessária;

- conte uma história – todos adoram histórias, tanto que cinemas vivem lotados, os canais de TV possuem novelas em diversos horários e agora os seriados estão "virando febre" – se quiser atenção conte uma história e contextualize com o assunto. Essas histórias podem se tratar de *cases* e experiências que você vivenciou ou não;

- fale de um problema e de suas consequências – no decorrer da apresentação você mostrará as soluções;

- faça promessas – você terá toda a atenção se prometer como o público poderá obter algo que deseja. Mas se prometer, tem que cumprir;

- associe o tema com o público – as pessoas sempre se interessarão se o que você estiver falando impactar na vida delas;

- faça suspense – o suspense incita a curiosidade e a curiosidade incita a atenção. Mas cuidado com o exagero do suspense, pois isso pode irritar o público. E somente faça suspense se for apresentar algo positivo;

- use uma imagem impressionante;

- use metáforas;

- use analogias – a comunicação torna-se mais efetiva quando leva em conta o que as pessoas já sabem. Se elas desconhecem algo, por meio da analogia você compara o que é desconhecido com o que é conhecido, e o desconhecido deixa de ser desconhecido;

- cite uma frase de impacto;

- cite uma estatística;

- cite uma notícia recente;

- diga o porquê seu tema é importante;

- faça uma afirmação surpreendente – o público pensará que se o orador foi capaz de surpreendê-lo uma vez, poderá fazer isso outras vezes, e presta atenção no discurso, imaginando que algo diferente poderá acontecer. Caso você tenha pouco tempo disponível para falar, você pode iniciar com a conclusão, o que deixa o público instigado, e a partir daí, ir amarrando as informações e mostrando como chegou àquele resultado (nessa situação, caso deixasse para falar do ponto alto da sua apresentação apenas no final, correria o risco de chegar nesse ponto com a assistente do executivo principal chamando-lhe para outro compromisso e sequer conseguindo apresentar para ele).

Vimos acima que é possível usar de várias estratégias na introdução. Caso perceba que seu início não está tão impactante quanto deveria, coloque sua criatividade para funcionar e crie algo diferente e cativante.

DESENVOLVIMENTO

Todo preparo começa pelo desenvolvimento.

Lembra das balas de prata e da bala dourada? O "tiroteio" será no desenvolvimento. Logicamente que será um "tiroteio" organizado, tudo no seu momento. No desenvolvimento você transmitirá a mensagem ou as mensagens propriamente ditas.

Reflita: "Para entender tudo isso que eu estou colocando, o que as pessoas precisariam saber antes?". Essa é a introdução. E "O que posso falar para as pessoas guardarem a mensagem, lembrarem dela e, se for o caso, partirem para a ação?", essa é a conclusão. Se na introdução você captou a atenção, agora todo cuidado é para mantê-la.

Entre introdução, desenvolvimento e conclusão, o desenvolvimento é a parte mais racional da apresentação. Pode ter pitadas de emoção, mas essa é a fase lógica. Para fazer um bom desenvolvimento, você pode usar de algumas estratégias:

- contar histórias;
- citar estatísticas;
- fazer citações – frases de autoridades no assunto para lhe gerar respaldo;
- demonstrar como se faz;
- fazer perguntas – as respostas, que podem ser verbalizadas ou simplesmente respondidas mentalmente, contribuirão para que você construa o raciocínio junto com o público;
- mostrar soluções – apresente o passo a passo de soluções para os problemas que você levantou;
- mostrar uma imagem impressionante;
- usar metáfora;
- usar analogia;

- citar uma notícia recente, que evidencie e sustente algo que você está explicando.

CONCLUSÃO

Tudo que for falado na introdução e no desenvolvimento deve conduzir a conversa para a conclusão, em uma linha mestra sem saltos e desvios abruptos. O início da conclusão deve ser marcado pelo começo de um ápice da apresentação.

Não adianta se esmerar ao longo da apresentação e estragar tudo na conclusão, bem como não adianta se esmerar na conclusão se o restante da sua apresentação deixou a desejar. Tudo deve funcionar bem.

Só se faz uma conclusão adequada se houver preparo adequado. Sem esse preparo, o orador fala, fala, fala, e nem imagina como e quando parar.

Contudo, são as primeiras e últimas palavras que são as mais lembradas. Fitzherbert cita que grandes bandas conhecem esse princípio e o aplicam – tocam seus grandes sucessos no início e no final do show. Com isso, elas podem tocar as músicas novas no meio e, ainda assim, as pessoas sairão com uma boa impressão da apresentação. Fitzherbert reforça que isso não significa que o meio da apresentação possa ser feito de qualquer jeito. É fundamental caprichar nele, pois é preciso sempre buscar a excelência. E o ótimo só será alcançado se o começo, meio e fim forem ótimos, embora sejam o início e o final os momentos mais lembrados.

Em uma apresentação mais longa, é possível que o orador tenha falado muito sobre muitas coisas – mas no momento da conclusão, é preciso reforçar a mensagem principal. Você preparou o material e falou sobre ele. É natural que o seu grau de absorção deste assunto seja altíssimo. Mas o público, muitas vezes, está tendo contato com esse material pela primeira vez – é preciso reforçar tudo que você quiser que ele guarde. Acerte a bala dourada em todos do auditório, reforçando a mensagem principal com um *grand finale*.

Na conclusão, o lado emocional precisa predominar. Pode ter algo de razão, mas é a emoção que fará com o que o público continue conectado com a mensagem mesmo após a apresentação. Corroborando com isso, Fitzherbert defende que uma conclusão bem-feita precisa de emoção, de energia e de todos em um único ponto de foco. É interessante observar que os mágicos cuidam muito do final da apresentação, pois se o final não tiver emoção, energia e um único ponto de foco, toda a apresentação pode se complicar. Falar em público é a mesma coisa.

Se você perceber que seu final está fraco, mude o final. Prepare algo criativo e marcante. Para concluir você pode:
- instigar uma reflexão;
- fazer um resumo – agora com a visão geral do conteúdo transmitido, para o público será interessante se

você fizer um resumo do que disse. Isso facilitará a assimilação dos principais pontos por parte de quem está assistindo, deixando-os tranquilos. A pessoa estando mais tranquila, estará em condições de fazer o que foi solicitado ou de se convencer sobre o tema;

- convocar para a ação – diga o que as pessoas devem fazer de forma concreta e específica;
- remeter à introdução – remeter a ideia introdutória é interessante para dar a noção de coesão da apresentação;
- contar uma história;
- citar uma frase de impacto;
- citar uma poesia – esse tipo de final cabe somente em alguns contextos.

ÚLTIMAS PALAVRAS

Não conclua com uma frase para baixo. O clima de encerramento de uma apresentação deve ser de apogeu, com uma mensagem impactante, que deixe todos pensando: "É exatamente isso!".

As últimas palavras necessitam ser sinalizadas, deixando o público em um grau diferenciado de atenção. Você pode sinalizar verbalizando – diga "Finalizando" e conclua sua mensagem. Você também pode sinalizar que está encerrando por meio da inflexão de voz. Após transmitir sua mensagem derradeira, faça uma leve pausa e diga: "Obrigado pela atenção". Esse é um final poderoso.

Tem gente que usa uma inflexão de voz como se fosse continuar a falar, mas na verdade ela queria parar, todos pensam: "Será que fulano terminou?", e fulano arremata seu fracasso de conclusão dizendo: "É isso!". Nunca termine de forma que deixe as pessoas na dúvida se você encerrou, nunca termine dizendo "É isso!". Tudo isso quebra o clima.

Se você percebeu que suas últimas palavras não foram as ideais, e se você ainda não disse obrigado, você pode dizer "assim sendo", ou "dessa forma", ou "com isso" e ganhar uma segunda chance para acertar no final.

Algumas pessoas são tão ruins de conclusão que começam a recolher suas anotações antes de terminar de falar. Assim como no início da apresentação, as últimas palavras também precisam ser ditas sem apoio de notas ou da projeção, sem hesitar e olhando para o público.

Nunca diga que você tinha mais para falar, mas infelizmente o tempo se esgotou. O público somente entenderá com isso que você é desorganizado.

Não chame as perguntas antes de agradecer a atenção. Se fizer isso, você está quebrando o clima e evitando aplausos.

Evite terminar com vídeo. Dê você a última palavra da apresentação. Após suas últimas palavras, as pessoas precisam estar energizadas, sentindo-se melhores do que quando entraram no auditório.

MATE SEUS QUERIDINHOS

Muitas vezes, durante o preparo, você perceberá que não consegue avançar. É algum ponto que está te amarrando e, às vezes, esse ponto é um "queridinho" seu. Sabe aquele conceito, aquela história etc., que você considera perfeito? De repente é justamente ele que está te amarrando. O conceito, a história etc. realmente podem ser perfeitos, mas se tratam de uma peça que não se encaixa no seu quebra-cabeça chamado apresentação. Corte-os, mate seus queridinhos. É isso que diretores de cinema fazem – os atores gravam uma cena linda e difícil e, na hora da edição final, o diretor simplesmente elimina essa cena do filme. Essa cena era fantástica, mas não deixava o filme avançar. Deixe na sua apresentação apenas aquilo que lhe faz avançar. Tudo que está em uma apresentação ou ajuda ou atrapalha – não tem meio termo. Se algo não estiver ajudando, está atrapalhando.

PREPARE APENAS O MELHOR

Durante o preparo, você reunirá muito material. Reinaldo Polito sugere que você classifique seu material em frágil, razoável, bom e excelente. Faça essa classificação imaginando que você é o público – procure classificar a partir da régua dele.

Material frágil é aquele que pode ser facilmente contestado. Tudo o que for frágil elimine sem dó, pois o material deve ser no mínimo razoável. Evite deixar muito material razoável seguido – intercale-os com o material bom e excelente. Caso deixe muito material razoável seguido, sua apresentação será razoável por muito tempo, o que não é bom. Por vezes, o material razoável é necessário para dar a liga e fechar a linha mestra com começo-meio-fim – neste caso, sua função é ser o elo da corrente. Quanto mais material bom e excelente você tiver, melhor. Perceba que até sua segurança e sua empolgação muda quando fala sobre esse material de maior qualidade. De qualquer forma, avalie se este material bom e excelente está te fazendo avançar – se não estiver, mate seu queridinho.

Prime pela qualidade do material, não pela quantidade. Muito cuidado com o excesso de informações: quanto mais conteúdo se pretende transmitir, menos é assimilado pelo público.

SEJA REAL

Você assistiria a um filme que começa bem, não há problema algum e tudo termina bem? O que garante a bilheteria dos cinemas são os altos e baixos.

Relacionando isto a falas em público, muitas apresentações corporativas são parecidas com o seguinte: "Nossa empresa é a melhor, o que fazemos é o melhor e seremos sempre o melhor".

Uma apresentação não se trata do quanto você (orador) sabe ou do quanto é bom, você não está lá para se mostrar. Uma apresentação é se doar, não ficar se promovendo para receber reconhecimento. Esse reconhecimento pode até vir e será uma consequência do quanto você se doa. Fale de coisas que podem mudar a vida do público de alguma forma. Em uma apresentação corporativa, você pode citar os problemas existentes, os obstáculos do caminho e qual é a solução para que se tenha um final feliz, como no cinema.

PROBLEMAS, DESAFIOS OU OPORTUNIDADES?

Roberto Shinyashiki aponta algo interessante: para atrair a atenção do público e conseguir com que as pessoas ajam, você pode apresentar um problema, um desafio ou uma oportunidade. Qual é o mais forte dos três? Segundo Shinyashiki, são os problemas, pois envolve a angústia da perda. Falar de problemas tira a pessoa da zona de conforto e incita a ação. Propor desafios é interessante, pois estimula a vontade de superação, mas isso não precisa ser para hoje – não tem a urgência dos problemas.

Propor oportunidades é interessante, mas as pessoas têm mais desejo de não perder do que de ganhar e, por isso, o enfoque nos problemas funciona bem para atrair a atenção e estimular ação imediata.

PRIMEIRO O GERAL, DEPOIS O DETALHE

Carmine Gallo cita John Medina, o qual diz que devemos iniciar mostrando o panorama geral, para depois mostrar o específico.

Se uma fera viesse para cima de você, a única coisa que pensaria seria em como escapar dela. Nossos ancestrais faziam o mesmo quando viam uma fera de dentes pontiagudos – não perdiam tempo com os detalhes (as especificidades), como analisar quantos dentes tinha o animal. Assim é o nosso cérebro hoje – primeiro, o panorama geral, depois os detalhes.

Se você começar a falar de detalhes, sem que o cérebro do seu público tenha compreendido o panorama geral, sua comunicação não será efetiva.

Contextualizando com termos mercadológicos, o produto é o detalhe, e o problema é o panorama geral. Não ofereça um produto sem falar do problema antes. Solução sem problema é algo inconcebível.

ESTUDE MAIS DO QUE PRECISARÁ

Roberto Shinyashiki cita que um cirurgião usa 10% do seu conhecimento em uma cirurgia. E os outros 90%? É o que lhe garantirão confiança. Para falar em público é semelhante – use 10% do seu conhecimento em uma apresentação e tenha 90% de conhecimento a mais para lhe garantir a confiança.

PREPARE COM ANTECEDÊNCIA

Não deixe para preparar seu material na última hora. Tudo que é feito no atropelo tem menos qualidade do que aquilo que é executado com tempo adequado. Quanto maior o tempo de preparo, melhor. Quando menos estiver esperando, pode ser que surjam ideias e então você vai incrementando sua apresentação. Anote essas ideias – coloque-as no papel, ou melhor ainda, salve no computador, em uma pasta específica para a apresentação.

ESTRATÉGIA DAS PERGUNTAS

Uma estratégia que você pode usar é fazer perguntas e então respondê-las. O número de questões depende do tempo que você tem à disposição e do dinamismo com que você responderá a cada pergunta. É um formato de apresentação bem didático, que deixa sua fala bem espontânea. Apenas cuide para que essas perguntas estejam sendo respondidas em uma sequência lógica (linha mestra).

E COMO PREPARAR ALGO BEM SUSCETÍVEL À DISCORDÂNCIA?

Pode ser que você precise falar sobre algo cuja chance de discordância é alta. Neste caso, não coloque este ponto logo no início da sua apresentação. Prepare o terreno e opte por iniciar com algo que você sabe que o público concordará.

Outra dica é pensar em tudo que poderiam te perguntar sobre a questão polêmica, e responder a estas dúvidas antes mesmo que alguém venha a levantar a mão. Por exemplo, você poderia dizer: "Muitos devem estar se perguntando sobre quanto custaria essa alteração, e eu respondo ...". Ao esclarecer todos os pontos, fica mais fácil de as pessoas aceitarem sua ideia e de diminuir a discordância.

Se couber no contexto, você também pode utilizar de afirmações de autoridades no assunto, ou de dados de outros locais, o que lhe serve de respaldo.

TEMPO DA APRESENTAÇÃO

Uma dos maiores medos que os oradores iniciantes possuem é de terminar antes do tempo. Normalmente, eles falam mais rápido do que o convencional quando a apresentação é para valer. Vamos supor que esse seja o seu caso. Pode ser que você tenha 20 minutos para apresentar-se, ensaiou em casa e conseguiu fazer no tempo exato. Ao chegar diante do público, fez em apenas em 12, na hora da apresentação você falou rápido demais. Corrija isso de duas maneiras:

1º: se acalme – reduza a velocidade e faça pausas enquanto fala;

2º: prepare material a mais, para ter uma carta na manga, como um vídeo, uma história etc. É fato que é mais fácil cortar material do que criar na hora. Quando cortar assunto, corte mantendo uma estrutura lógica, com começo, meio e fim. Com a experiência, você vai ganhando traquejo para fazer isso mais facilmente. Fique de olho no relógio, corte algo durante sua apresentação (se necessário) e termine no tempo que foi ofertado para você.

SOMENTE AGORA É QUE VOCÊ ABRE O POWERPOINT

Assim como citado no **Capítulo 18**, o PowerPoint não é a primeira coisa. Nenhum diretor de cinema pega a câmera e sai filmando sem ter um roteiro definido. Da mesma forma, você só abrirá o PowerPoint depois que seu material estiver pronto e tudo que necessitar de apoio visual ganhará um slide.

PREPARE SEUS LEMBRETES

Uma apresentação não é um teste de memória. Você pode recorrer a anotações, embora ciente de que quanto mais olhar para a anotação, menor é o contato visual com o público, e consequentemente, menos conexão com ele. Além disso, excesso de anotações pode fazer com que você seja julgado como despreparado.

Você precisa usar anotações? Se sim, então use, mas com parcimônia. Muitas vezes as anotações são mais um apoio psicológico do que realmente uma necessidade. Saber que você as tem lhe deixa tranquilo e você talvez nem as use.

Se você tiver muito conteúdo nas anotações, ao olhar para elas não enxergará nada que necessite. Por isso, coloque apenas as palavras-chave, que servirão como um gatilho – você olhará a palavra e já saberá o que falar. Evite letras pequenas e sem espaçamento.

Você pode ter suas anotações de três formas:

1º: folhas – você poderá deixar em cima da mesa, em cima do púlpito ou segurar em sua mão. No caso de segurar uma folha, estando de pé, tenha o cuidado de imprimir em uma folha mais grossa, com um tamanho de metade de uma folha A4. Isso não eliminará o problema de uma eventual tremedeira, mas diminuirá bastante a percepção do público sobre ela. Se puder deixar essa folha apoiada em algum lugar, como uma mesa ou um púlpito, conseguirá ter as mãos livres para gesticular. Caso segure a folha na mão, terá maior liberdade de movimentação no palanque. Não use a folha frente e verso.

2º: *smartphone* ou *tablet* – também propicia maior liberdade para movimentar-se. Nada mais é do que uma versão tecnológica das folhas. O problema é que você pode fazer um clique errado e todo roteiro sumir – aí você olha para o público e diz: "Esperem um pouco que eu já acho o que queria dizer", é arriscado.

3º: anotações no PowerPoint – é possível esconder esses lembretes nas anotações do programa. Isso é possível para quem usa o "modo de exibição do apresentador", no qual se coloca o que quiser de lembrete sem que isso apareça na projeção. Fica bem mais discreto do que as folhas, *smartphone* ou *tablet*. Todavia, se você necessitar destes lembretes, terá que ficar próximo do *notebook*.

Toda apresentação nunca está fechada, sempre sendo possível melhorá-la. Aparecerão histórias, argumentos, dados etc. que você pensará: "Caramba, como não usei isso até hoje?", mas isso é completamente normal.

O preparo da apresentação não pode ser algo engessado. É claro que cabe dizer e fazer coisas não planejadas. Por vezes, essas improvisações ficam tão boas que são incorporadas ao planejamento. O preparo serve para auxiliar na sua espontaneidade e não para acabar com ela.

Fuja dos formatos tradicionais, aquilo que as pessoas estão acostumadas. Fuja da mesmice e torne sua apresentação mais impactante.

Você preparará um grande material se seguir estas dicas, se pensar no público e se der o seu melhor.

CAPÍTULO 13
PREPARO E ENSAIO VERSUS FALA DE IMPROVISO

Arthur é um funcionário velho de casa – já está na empresa há mais de 15 anos. Ele trabalha no departamento comercial e é conhecido por ser muito proativo. Para tudo que precisam dele, ele está pronto para ajudar.

Certo dia, 22 funcionários novos iriam iniciar na empresa e o departamento de Recursos Humanos (RH) pensou na seguinte programação: o presidente faria uma fala de boas-vindas, curta e simples, e o Arthur conversaria com os novatos, por um tempo maior, sobre como é o funcionamento da empresa. Inclusive o RH se propôs a elaborar a apresentação em PowerPoint que o Arthur poderia usar.

Como vimos no **Capítulo 9**, a fala em público tem muitas semelhanças com a conversa cotidiana. Arthur conversava bem com todos, era desinibido e conhecia bem a empresa. Apesar disso, não podemos menosprezar a arte de falar em público. Um atleta, antes de sua competição, treina. Um músico, antes de sua apresentação, ensaia. E um orador também deveria treinar antes de falar em público. Qual é a diferença de um atleta regular para o ótimo? O treino. Qual é a diferença de um músico regular para o ótimo? O treino. Quem quer falar BEM em público, precisa ensaiar antes.

O tal dia chegou. O presidente fez a fala de boas-vindas e viu que o vice-presidente, Otávio, estava por ali também. Sem nenhuma combinação ele disse: "Otávio, que tal umas palavras?". Otávio foi até a frente, sem saber o que falar e saiu sem lembrar o que tinha dito. Ele disse que não tinha nada preparado e que foi pego de surpresa, o que já foi um erro. Sua fala de improviso foi fraca e não agregou nada. Serviu apenas para que aqueles 22 novos funcionários criassem uma primeira impressão errônea dele.

Então chegou a vez de Arthur. Ele não tinha sequer aberto a apresentação em PowerPoint que o RH havia lhe enviado. Ele falava, mas não havia nada nele que impressionasse – sua fala era regular. Alguns slides mostravam processos novos da empresa, que ele não estava tão familiarizado, e por isso ele teve que pedir ajuda aos colegas de RH para explicar. Se ele tivesse no mínimo visto que teria que falar sobre esses novos processos, poderia se inteirar antes sobre eles. A maior parte do que foi falado era rotina para Arthur, mas novidade para os novatos. E o resultado da sua apresentação não foi satisfatório – as pessoas saíram com mais dúvidas do que certezas, sendo que esta deveria ser uma fala de esclarecimento. Arthur é proativo e isso é muito positivo. Mas ele não se prepara adequadamente para os desafios que tem de enfrentar, e isso é negativo.

Esse capítulo tratará sobre o ensaio antes da apresentação e sobre os discursos de improviso. A seguir são apresentados toques que vão tanto para o Arthur e o Otávio, quanto para você, leitor, que deseja ser um orador impactante.

🎤 O QUE É MELHOR - FALA DE IMPROVISO OU FALA PREPARADA?

Esteja certo que o ideal é sempre a fala preparada. Todavia, você pode pensar: "Eu falo bem mesmo que eu não me prepare". O primeiro ponto é: você acha que vai bem. Talvez realmente vá, pois há muitas pessoas que falam bem de improviso, mas esse é o seu caso? O segundo ponto é: se você tem um bom desempenho falando sem preparo, poderia ter um resultado melhor ainda caso se preparasse adequadamente.

Em certas situações você é obrigado a falar de improviso, como foi o caso de Otávio. Daqui a pouco serão dadas dicas de como falar bem de improviso. Mas deixe o improviso para situações especiais como essa. Se você tiver tempo de preparar-se, como Arthur teve, invista seu tempo no preparo e você não se arrependerá.

POR QUE DAR AO PÚBLICO SUA PRIMEIRA VERSÃO?

É fato que a sua segunda apresentação será melhor que a primeira, a terceira melhor que a segunda e assim sucessivamente. Então por que dar ao público sua primeira versão? O seu rendimento aumenta a cada apresentação. A primeira versão é aquela que você começa a perceber o que funciona e o que não funciona. Você poderá perder o foco, esquecer-se de pontos importantes ou aprofundar em pontos não tão relevantes, não ser claro e não ter noção do tempo. Tudo isso poderia ser corrigido para uma segunda versão.

É claro que sempre é possível melhorar – você pode estar fazendo uma mesma apresentação pela centésima vez e ainda assim pode melhorar algo. Mas a primeira versão é aquela em que muita coisa pode e deve ser feita de forma diferente. Por isso, é melhor que essa primeira versão seja feita sem ser para valer. Ao ensaiar várias vezes, você perceberá evolução entre cada passagem e pensará: "Ainda bem que ensaiei antes". É muito melhor errar no treino do que errar no jogo. É muito melhor errar no ensaio do que no show.

Sem ensaio, no dia da apresentação, tudo é novidade para o cérebro. Com ensaio, você começa a usar com antecedência os circuitos cerebrais que precisará no dia da apresentação.

ENSAIE COM A PROJEÇÃO DE SLIDES

Arthur errou feio ao sequer abrir o arquivo que o RH tinha preparado para ele. É fundamental que haja sincronia entre a sua fala e o que esteja sendo projetado. Você não pode estar sendo pego de surpresa a cada slide que entra. O ideal é que você saiba de antemão qual será o próximo slide que aparecerá e use ganchos em seu discurso, começando a falar do slide seguinte antes mesmo que ele apareça.

Para se ter a noção de qual é a sequência de slides, além de muito ensaio, você pode fazer passagens olhando apenas para o modo "classificação de slides". Além disso, é interessante utilizar o "modo de exibição do apresentador", uma tela que aparecerá apenas em seu *notebook* e não aparecerá na projeção. Esta tela informa qual é o próximo slide e possibilita que você pule slides sem que ninguém perceba.

Tendo o *timing* da transição dos slides, seu discurso e a projeção ficarão entrosados, revelando a fluência da sua fala. Bem diferente de Arthur, que a cada novo slide pensava: "Nossa, vou falar sobre isso agora... o que vou falar sobre isso?".

🎤 DE PREFERÊNCIA, PREPARE A APRESENTAÇÃO A SER PROJETADA

O ideal é que você elabore a apresentação em PowerPoint, ou qualquer outra ferramenta, e assim tenha intimidade com o seu material. Tudo que você falar precisa ser uma verdade sua e estar saindo de dentro de você.

Entretanto, pode ser que outra pessoa tenha elaborado a apresentação – nesse caso, estude e interiorize todo material, e não seja um ilustre desconhecido da apresentação, como Arthur, que nem se deu ao trabalho de abrir o arquivo que recebeu.

🎤 COMO ENSAIAR?

- Quando for ensaiar, prefira falar em voz alta em vez de somente repassar o conteúdo mentalmente. Falar em voz alta torna mais nítido o que está claro e o que necessita de correção.

- Procure tornar a experiência do seu ensaio a mais parecida possível com a apresentação propriamente dita. Se for se apresentar de pé, ensaie de pé.

- Ensaiar em frente ao espelho não é de todo ruim, pois lhe auxilia em relação ao contato visual e a ter consciência dos seus gestos inconscientes. Todavia, é estranho um ensaio como esse, pois há alguém imitando você o tempo inteiro e na apresentação isso não acontece.

🗨 Entre treinar sozinho e treinar com pessoas, não tenha dúvida – sempre opte por ensaiar na frente de outras pessoas, inclusive isso lhe dá mais energia para falar. Os amigos e colegas poderão te dar feedback e dizer, do ponto de vista deles, o que pode ser corrigido – afinal, é um ensaio e ensaio sempre preconiza melhoria.

DICA PARA ENSAIAR (1)

O "modo de exibição do apresentador" permite-lhe ter anotações à sua disposição, na sua tela de *notebook*, sem que necessariamente o público saiba disso. Coloque poucas frases em anotações e destaque o termo principal de cada frase. Então ensaie pela primeira vez.

Na sequência elimine todas as outras palavras e deixe apenas os termos-chave. Ensaie pela segunda vez.

Agora ensaie pela terceira vez, procurando não olhar as anotações, tendo o slide como um simples gatilho para a sua mensagem principal.

Fazendo dessa forma você já ensaiou três vezes. Isso já representa um número significativo. Se considerar prudente, ensaie outras tantas vezes quantas julgar necessário.

🎤 DICA PARA ENSAIAR (2)

Treine bastante os pontos principais. A cada passagem, tente passar a mesma mensagem, só que utilizando palavras diferentes. Caso você trave, termine a frase de qualquer maneira. Isso fará você ficar íntimo do conteúdo e mais à vontade para falar.

🎤 O QUE MAIS ENSAIAR?

Fazendo o que foi sugerido anteriormente, você já saberá o que falar, pois terá o conteúdo interiorizado, e já estará sincronizado com a apresentação a ser projetada, caso você deseje utilizá-la.

O que mais ensaiar? Você também pode ensaiar a sua voz, sua postura, seus gestos, sua expressão facial, seu contato visual e a sua movimentação, fazendo qualquer ajuste necessário.

Se você previamente souber o que vai dizer e como vai dizer, na hora da apresentação seu maior foco será em conectar-se com o público.

FEEDBACK

Os ensaios servem para que haja melhoria. Cuidado para que o seu treino não seja somente uma repetição de erros. Por isso, o feedback é interessante neste processo.

Como exposto anteriormente, você pode ter feedback de seus amigos e colegas. Além disso, é interessante filmar seu ensaio, para que assim você possa se assistir. Você se verá como as pessoas lhe veem e poderá corrigir muitos detalhes que possivelmente nem tinha consciência, como um vício de linguagem ou um trejeito qualquer. O autoconhecimento do seu recurso vocal e de sua linguagem corporal são fundamentais nesta busca de melhoria contínua.

BENEFÍCIOS DO ENSAIO

- Menos nervosismo – ensaiar deixa você menos nervoso para a apresentação. Você se destrava porque aquilo tudo deixa de ser novidade. O relaxamento faz aumentar a espontaneidade;

- Foco nos itens certos – como você testou cada tópico, viu o que vale a pena aprofundar e até o que poderia ser cortado. Você terá o foco necessário em cada item, transmitindo tudo com clareza;

- Noção do tempo – pelo ensaio você saberá quanto tempo cada tópico exige, não "correndo" na hora da apresentação, ou até mesmo deixando de falar muitos pontos importantes por falta de organização.

E QUANDO TIVER QUE FALAR DE IMPROVISO

Espero que o Arthur tenha entendido o recado sobre ensaio. Agora é a vez de Otávio.

Existem dois tipos de fala de improviso: aquele que você tem algum tempo para pensar, e aquele que você não tem tempo algum. Se por um acaso o presidente tivesse encontrado seu vice no corredor e dito: "Otávio, você falaria algumas palavras daqui a pouco?", ele ainda teria alguns minutos para pensar e preparar. Poderia chegar com algo preparado no papel ou até mesmo na sua mente. Logicamente, o tipo mais difícil é aquele que você não tem tempo para preparar nada, como foi o caso de Otávio.

Tenha claro o seguinte: falar de improviso não é inventar informações na hora. Falar de algo que não sabe é enrolar, e isso é extremamente baixo e desonesto. Em qualquer situação você falará de algo que você já sabe.

Então a partir do que você sabe, rapidamente analise o seguinte:

1) qual é o contexto (tema e motivo do evento)? – Sua fala tem que ser coerente com o que está acontecendo;

2) qual é a ordenação lógica do que você sabe (que cabe para este momento e dentro do tempo que possui)? – e com isso decida por onde começar.

Boa parte do discurso de improviso vai surgindo na mente enquanto você fala, mas de qualquer maneira, procure iniciar a sua fala já vislumbrando onde você quer chegar. Evite divagar, e transmita sua mensagem de forma simples e objetiva. Essa fala não deve ser longa. Fale sem hesitar e conclua com um muito obrigado.

DICAS PARA FALAR DE IMPROVISO

- Dale Carnegie diz para sempre se imaginar na seguinte situação: se pedissem para que eu falasse agora, o que eu falaria? "Ah, neste momento eu diria isso, isso e isso". Assim você estará sempre preparado para falar. Se lhe pedissem a palavra, você de pronto saberia por onde começar. E detalhe: desta forma você criará discursos formidáveis, que jamais serão pronunciados, mas isso faz parte.

- Fale algo sobre o público que está participando do evento, sobre o evento em si ou sobre o motivo pelo qual todos estão ali reunidos.

- Cite um exemplo ou conte uma história, lógica e devidamente contextualizada. Para o orador é mais fácil e para o público é mais cativante.

- Preste atenção no que outras pessoas falaram antes de você. Anote as frases mais impactantes, que provocaram reações positivas, pois estas frases já estão previamente aprovadas pelo público. Inclua essas frases na sua fala, logicamente que usando suas palavras e sua forma de se expressar.

- Fale com empolgação e essa empolgação fará com que as palavras surjam naturalmente. Falar procurando palavras é horrível e pode conduzir a um erro: a pausa vocalizada (ééééé, ãããããã).

O QUE OTÁVIO PODERIA TER FEITO?

- Algo bem normal seria ele dar boas-vindas, dizer que os novatos gostarão de trabalhar na empresa e que espera que eles agreguem bastante.

- Otávio falou depois do presidente – ele poderia ter aproveitado alguma fala do seu superior.

- Ele poderia contar como foi sua entrada na empresa – isso iria despertar a curiosidade dos novatos sobre os desafios enfrentados por ele e como chegou à vice-presidência.

A fala de improviso deve ser feita apenas quando não houver saída. Mas em uma situação como essa não se desespere – ninguém lhe convidará para falar de improviso se você não tiver um bom conhecimento sobre o assunto ou se não for uma autoridade.

Entretanto, se tiver tempo para se preparar será muito melhor – capriche nos ensaios. Carmine Gallo cita uma frase de Malcom Gladwell: *"A prática não é algo que você faz quando já está bom. É algo que faz para se tornar bom"*.

O teu público vai lhe aturar ou lhe admirar – o que você prefere? Nunca menospreze a arte de falar em público. Se você quiser ser ótimo e fazer a diferença, treino é imprescindível.

PARTE 7
CUIDADOS NA HORA H

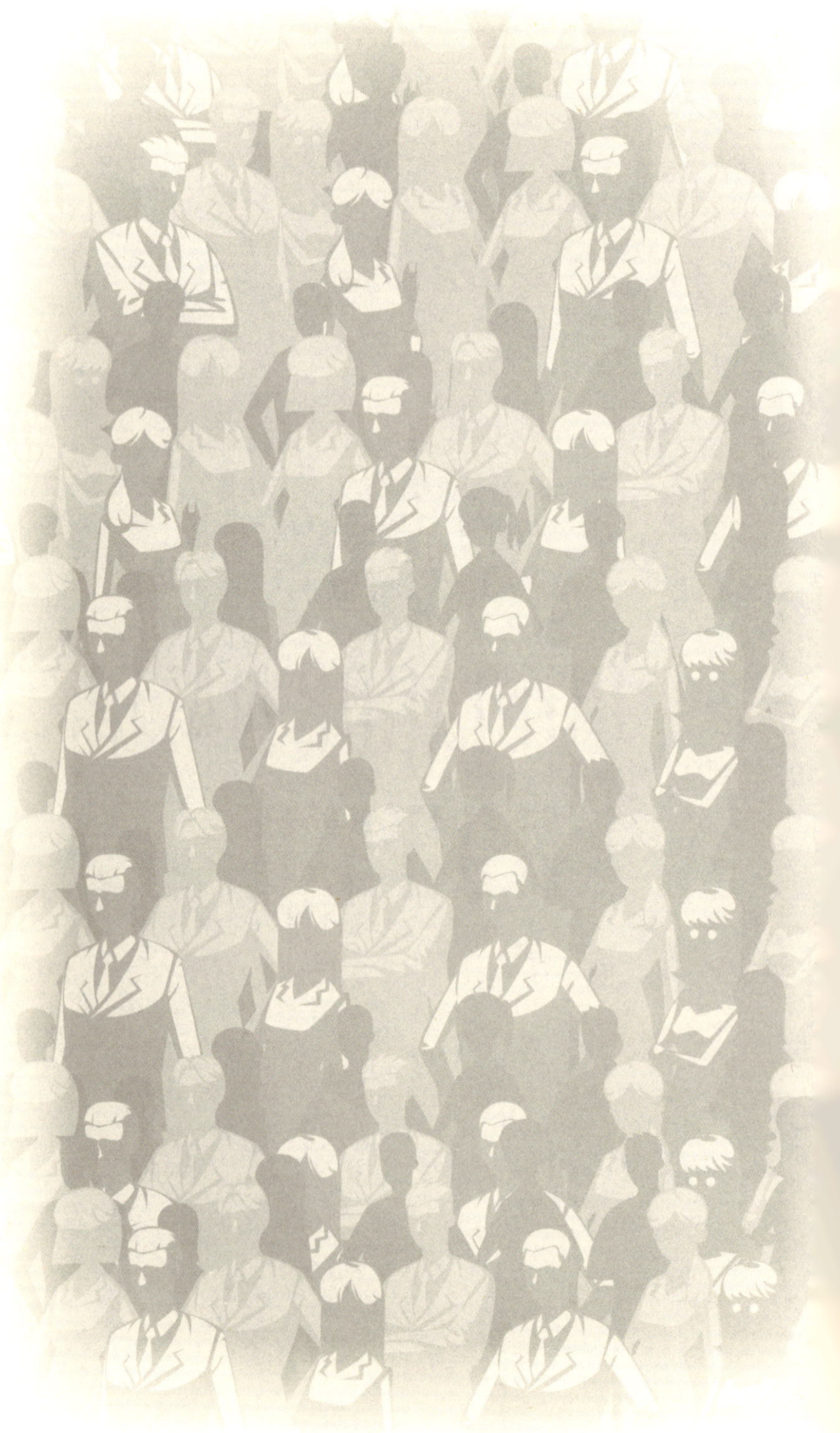

CAPÍTULO 14
CUIDADO COM O QUE VOCÊ FALA

Uma grande empresa estava definindo quem seria sua fornecedora de determinado material, a compra seria gigantesca. A grande empresa solicitou que três empresas fornecedoras agendassem e viessem se apresentar. A grande empresa não queria o menor preço – ela queria o melhor custo-benefício. Uma das empresas fornecedoras foi representada por Carla e por Gabriele. Elas tinham a missão de ganhar esse contrato. Entretanto, Carla tinha um grave problema: ela falava demais, e por vezes falava besteira. Só percebia o seu deslize depois de algum tempo que já tinha dito, isso quando percebia. No dia da apresentação ela estava inspirada (negativamente falando). Ela iniciou pedindo desculpas por não estar com a apresentação completa, falou várias "eu acho", porque não tinha certeza do que dizia, tentou fazer algumas piadas que ninguém entendeu e pronunciou de forma errada várias palavras-chave do negócio em questão. Gabriele saiu da apresentação indignada com a colega, dizendo que perderiam o contrato pelo tanto de besteira que Carla tinha falado. E isso realmente aconteceu, a grande empresa optou por outra fornecedora, que mandou representantes com "mais noção".

As palavras que saem da nossa boca possuem muita força, por isso devemos cuidar com elas. A seguir listamos toques que vão tanto para a Carla quanto para você, leitor, que deseja ser um orador impactante.

HUMOR NA APRESENTAÇÃO PODE?

É interessante colocar uma dose de humor na sua apresentação? A resposta é sim, mas com cuidado. Por isso, primeiro vou falar de tudo que pode dar errado, pois o humor ineficaz chega a ser pior do que a falta de humor, e encerro este tópico mostrando como fazer certo.

Quando você anuncia que vai contar uma piada está chamando para si uma responsabilidade enorme, que é a de fazer o público rir. Imagine se ninguém rir – ficará um "climão", tanto para você quanto para o público. Isso é terrível em qualquer parte da apresentação, mas sobretudo no início, que é o momento de conquistar as pessoas e captar a atenção.

Todo mundo conhece alguém que só consegue fazer graça depreciando alguém. Cuidado com piadas do tipo as de loira ou de português, pois podem ofender e constranger. Há pessoas que se autodepreciam – isso também não é legal. Não deprecie a sua imagem em hipótese alguma, dizendo algo como "Eu bebi todas ontem, mas estou aqui firme" ou "Eu não me preparei para esta apresentação". Também não deprecie o evento em si, a organização ou o próprio público: "Este evento está a cada ano perdendo qualidade", "A organização nunca deixa pronto o material" ou "Esse é o público menos simpático que já tive". Por incrível que pareça, quando alguns oradores falam esse tipo de coisa, no fundo eles só queriam que o seu público achasse graça e desse risada. Sem comentários.

Muito cuidado caso você faça uma brincadeira com fundo sarcástico, dizendo uma coisa, mas na realidade querendo dizer outra – existe o perigo de alguém tomar suas palavras pelo aspecto literal e não entender como brincadeira. Nunca deixe nenhum fio de dúvida.

Então como fazer o humor certo? Faça o seguinte: teça comentários espontâneos divertidos, dentro do contexto, que são muito mais efetivos do que piadas prontas. Às vezes uma simples mudança na entonação da voz já cria o efeito da graça. E detalhe: esses comentários divertidos não exigem risadas como a piada pronta. Se o público rir, riu. Se não rir, não ficará "climão" nenhum para ninguém e você segue com a apresentação.

Outra possibilidade é fazer humor consigo mesmo, sem se depreciar, brincando com seus tropeços, suas gafes e até com a sua aparência física. Isso auxilia a te humanizar. Mas cuidado: a linha entre depreciar-se e brincar consigo é tênue. Basicamente, quando você se autodeprecia as pessoas sentirão pena de você, e isso não é interessante.

Há pessoas que não têm muito o perfil para fazer humor em público, e quando tentam, o tiro sempre sai pela culatra. Para um orador com esse perfil, a solução é inserir o humor no material de apoio, como em uma imagem ou em um vídeo.

O bom humor é interessante em uma apresentação, pois auxilia a conectar emocionalmente o público com o orador. Contudo, trata-se de algo muito delicado e arriscado. Arrisque-se, pois apresentações sisudas não são tão interessantes, mas se arrisque com muita parcimônia, indo pelo melhor caminho.

DESCULPAS

Nunca peça desculpas no início por estar mal preparado. Não importa se você foi chamado em cima da hora ou o que quer que seja. A falta de preparo é injustificável sempre e o público se sentirá menosprezado. Se estiver realmente despreparado, boa parte do público perceberá isso independente do seu aviso. Contudo, pode ser que várias pessoas nem percebam isso durante sua apresentação, mas se você se desculpar antes, aí 100% do público saberá do fato. Em uma reunião mais formal, o mesmo vale para desculpar-se por estar nervoso. Já imaginou confessar isso na abertura de uma reunião corporativa, um ambiente de natureza bem competitiva? Dizer que está nervoso é aceito apenas em um caso: quando estiver recebendo uma homenagem. Fora isso, é inaceitável.

Ainda sobre isso, problemas físicos, como rouquidão, não exigem desculpas, mas simplesmente explicação. Se você não explicar rapidamente o motivo, dizer que já está se tratando e principalmente, que isso não interferirá na sua fala, o público pode ficar pensando o tempo todo em receitas milagrosas para te passar ao final da apresentação. Você estará lá para transmitir uma mensagem, mas o público prestando mais atenção em outro detalhe. Então seja breve na explicação e não valorize esses pormenores. O objetivo desta explicação é simplesmente eliminar qualquer risco de isso se tornar uma distração para o público.

O que é válido é pedir desculpas se chegar atrasado. Aliás, as pessoas esperam que você se desculpe. Entretanto, que isso aconteça uma vez em um milhão, e olhe lá.

"EU ACHO"

A expressão "eu acho" pode ter dois sentidos: o primeiro sentido é aquele que poderia ser substituído por "na minha opinião"; o segundo sentido é aquele que poderia ser substituído por "tenho dúvidas, mas acho que é…" – trata-se de uma falta de certeza. O primeiro sentido ainda tem espaço em uma apresentação, enquanto o segundo não cabe de jeito nenhum.

É perceptível que para muitas pessoas a expressão "eu acho" vulgarizou-se e tornou-se feia. Com isso, na dúvida se o seu interlocutor a considera uma expressão feia ou não, opte por dizer "eu considero", "eu julgo", "eu acredito", "eu creio", em vez de "eu acho". Sua frase ganhará força com isso. É interessante colocar desta maneira em uma apresentação, pois você afirma entrelinhas que esta é uma opinião sua e que pode haver outros pontos de vista. Aquele que discorda de você não se sentirá tão desafiado com sua fala, como se sentiria caso você afirmasse algo como uma verdade absoluta, quando na realidade é apenas a sua forma de enxergar.

CONCENTRE-SE NO QUE ESTÁ DIZENDO

Não fale no modo piloto automático. Se fizer isso, pode ser que você pense uma coisa e fale outra, cometendo gafes tolas, por exemplo: "Os nossos deputados estaduais que trabalham em Brasília", todos sabem que quem trabalha em Brasília são os deputados federais, mas troco "federais" por "estaduais" simplesmente por não estar concentrado.

Aí existem três níveis:

- o orador concentrado, que fala corretamente e não comete gafes;
- o orador pouco concentrado, que pode ser que cometa uma gafe, mas ele mesmo percebe e se corrige (ex: "eu falei ´deputados estaduais´ né? Na verdade queria dizer ´deputados federais´");
- o orador desconcentrado, que é o que erra mesmo. Se alguém lhe avisa sobre a gafe depois, ele nega veementemente – "eu jamais falaria 'deputados estaduais em Brasília' – mas falou!

PERGUNTAS DIRETAS

Evite fazer perguntas diretas para uma pessoa específica do público durante sua apresentação. Isso além de constranger, pega a pessoa de surpresa. Não queira dizer que você sabe algo humilhando outras pessoas, muitos oradores se regozijam quando percebem que determinada pessoa não sabe e que tem a oportunidade de mostrar a resposta correta, com um ar de soberba e satisfação. Fazer perguntas é interessante, mas para o público como um todo e sem exigir resposta. São perguntas retóricas, simplesmente para fazer pensar. E muitas vezes, alguém responde a uma pergunta como essa. Nesse caso, elogie a colaboração e adapte a resposta ao seu conteúdo. Isso fará que essa pessoa se sinta valorizada por ajudar e estimulará a participação de outras na sequência, se esse for o seu objetivo.

Existe uma diferença entre fazer perguntas diretas para alguém do público e para um auxiliar seu. Para alguém do público, não pode fazer perguntas diretas! Mas para um auxiliar seu pode (cuidado apenas para não comprometer seu auxiliar). Você poderia perguntar tranquilamente para ele: "Fulano, quando que nós fomos visitar a subsede? Foi segunda-feira, não foi?", e isso não traria qualquer problema. Arriscado seria fazer uma pergunta como essa para alguém que estivesse na posição de expectador, pois ele poderia se ajeitar na cadeira e responder: "Oi, o que você disse?", evidenciando que não estava prestando atenção naquele momento, o que seria constrangedor para todos.

PRONÚNCIA

A má pronúncia, via de regra, é causada pela ignorância de como se fala determinada palavra. Dificilmente alguém sabe o jeito correto da pronúncia e fala errado

– aliás, por que alguém faria isso? Quando se fala alguma palavra incorretamente, quem conhece a pronúncia percebe e estranhará o erro. Se tiver qualquer dúvida em relação à pronúncia, pergunte para alguém ou recorra ao Google. Ao detectar o erro, corrija o quanto antes.

"VOCÊ" É MAIS FORTE DO QUE "VOCÊS"

Já ouviu falar que cachorro com dois donos morre de fome? Quando se pede uma coisa para um grupo de pessoas, é possível que nenhuma delas realize. É porque todas acharão que você está falando com outra pessoa e não especificamente com ela. Substitua o "vocês" pelo "você" – é mais forte. Ao falar "você", todos pensarão que o recado é diretamente para si. Ao falar "vocês", todos pensarão que o recado é para qualquer outra pessoa.

NÓS

Em alguns casos, sobretudo em falas de aconselhamento, prefira usar o "nós". Quando você usa o "nós", está se colocando no mesmo nível de quem está lhe assistindo, substituindo uma suposta "superioridade" pelo sentimento de igualdade. Pode ser que as pessoas aceitem melhor quem é igual a elas do que quem se julga superior. Reflita se no contexto da sua apresentação vale a pena usar "nós" ou "você".

FRASES AFIRMATIVAS

É mais interessante usar frases afirmativas do que negativas. "Não" é uma palavra desconhecida para o nosso subconsciente. Se eu te disser "Não pense em maçã" qual é a primeira imagem que vem na sua cabeça? Se você não quiser que se pense em maçã, é preferível dizer "Pense em laranja", direcionando o pensamento do público e facilitando a transmissão da sua mensagem.

NÚMEROS QUEBRADOS

No ano de 2018 o Brasil tinha 147.302.357 eleitores. Esse número exato não agrega em nada e é cansativo de se ouvir.

Procure arredondar todo número "quebrado". Ninguém guarda exatamente o valor quebrado que você apresenta. Seja prático. Diga que o Brasil possui mais de 147 milhões de eleitores, ou quase 150 milhões de eleitores. A não ser que você tenha uma justificativa importante para manter o número exato, procure arredondá-lo.

LINGUAJAR SIMPLES VERSUS LINGUAJAR MEDÍOCRE

Evite o vocabulário excessivamente requintado. Primeiro, porque será mais difícil para o público compreender. Segundo, porque provavelmente você não costuma usar esse tipo de vocabulário no seu dia a dia, para que inventar moda na hora da apresentação? **Leia o Capítulo 11** sobre a importância da linguagem simples.

Ao mesmo tempo que o vocabulário não pode ser excessivamente requintado, ele não pode ser medíocre, recheado de gírias, palavrões ou erros de português.

O uso de gírias, de forma moderada, só é aceitável se estiver falando com jovens. Qualquer outro público não aceitará bem o uso de gírias.

O uso de palavrões não torna o apresentador descontraído – apenas compromete a sua imagem e o descredibiliza. A única exceção a isso seria se você fosse um comediante e fizesse *stand-up comedy*.

Não fale errado, como "nóis" ou "a gente queremos". Quer você queira ou não, você é julgado pela forma como fala. Se falar errado será julgado. Se falar "nóis" será julgado.

Existe uma diferença muito grande entre o linguajar simples e o linguajar medíocre. Nunca confunda isso para não ter problemas em uma apresentação.

CUIDADO COM O VOCABULÁRIO TÉCNICO

É válido usar termos técnicos com um público de certa classe profissional que compreende esses termos, pois isso não dificulta a compreensão da mensagem. Na realidade, isso demonstrará que você faz parte do grupo.

Entretanto, se no público houver alguém que não conheça o significado desses termos, caso precise usá-los, sempre explique em linguagem simples o que significam. Se não conhecer o público, opte pela explicação dos termos desde o princípio de sua apresentação.

Eduardo Adas e Joni Galvão afirmam que se deve partir do princípio de que pessoas técnicas conhecem a linguagem leiga, mas os leigos não conhecem a linguagem técnica.

ESTRANGEIRISMO

Não fale termos estrangeiros apenas para impressionar. Analise se o termo que você quer utilizar tem um correspondente adequado em português. Caso não tenha, fale o termo estrangeiro, mas explique-o. A explicação é apenas dispensável se o termo estrangeiro já tenha sido incluído no dicionário português, como a palavra shopping. A utilização do termo estrangeiro não pode deixar nenhuma lacuna no cérebro de quem está assistindo à apresentação.

🎤 USE UM LINGUAJAR INCLUSIVO

Evite falar "homens" referindo-se a homens e mulheres. Antigamente isso era comum, mas nos dias de hoje, o ideal é usar um linguajar inclusivo, substituindo "homens" por "pessoas".

Se for se referir a um grupo de pessoas, procure utilizar termos pelos quais esse grupo se autodenomina. Não diga: "os deficientes" – diga "as pessoas portadoras de deficiências". E sempre se atualize, pois como a linguagem é dinâmica, o que pode ser inclusivo hoje, pode ser considerado ofensivo com o passar do tempo. "Retardado", por exemplo, era um termo muito empregado até os anos 1980. Na dúvida, pesquise na internet em sites confiáveis ou consulte especialistas para se atualizar.

🎤 ESMIÚCE SE NECESSÁRIO

A importância de esmiuçar algo, se necessário, é evitar a falha de comunicação. É preciso rir para não chorar, mas há casos em que um atendente que presta suporte técnico de computador (via telefone) solicita que a pessoa do outro lado da linha "abra a janela", e ela faz o que? Exatamente isso que você pensou. Caso você diga algo para o seu público, e ele faça aquela cara de quem não entendeu, explique melhor. Se você falar algo e julgar que o público não entendeu, explique melhor – tratando-se de comunicação, é melhor pecar pelo excesso do que pela falta de informação.

CUIDADO COM OS DETALHES

Ao mesmo tempo em que é interessante esmiuçar determinadas explicações, cuidado com o excesso de detalhes. Fale apenas os detalhes que forem relevantes para a explicação – excesso de informação pode ocasionar compreensão de menos. Este excesso também pode gerar a falha de comunicação. Para deixar claro, encher de detalhes é falar de muitas coisas desnecessárias, já esmiuçar uma explicação pode ser definido como falar e frisar o necessário sobre os pontos essenciais.

DIALETO E SOTAQUE

Dialeto tem relação com sotaque e não há sotaque que seja melhor ou pior que o outro. Todo dialeto possui termos específicos, utilizados apenas em determinadas regiões. O maior erro é utilizar esses termos em uma região em que as pessoas não imaginam o seu significado. Se você vai a alguma região e fala termos que as pessoas conhecem, fará com que o público reconheça o seu esforço em customizar a apresentação para aquela ocasião.

VOCABULÁRIO

Leia bastante, pois isso lhe auxiliará a ter bom vocabulário, facilitando a transmissão da mensagem.

CITAÇÃO VERSUS PARÁFRASE

A diferença de citação e paráfrase é a seguinte: na citação, você transmite a ideia de alguém com as mesmas palavras que essa pessoa proferiu ou escreveu, enquanto, na paráfrase, você transmite a ideia de alguém com as suas próprias palavras. É importante citar a fonte, seja uma citação ou seja uma paráfrase.

CUIDADO PARA NÃO PARECER ARROGANTE

Demonstre sua capacidade e a sua competência, mas cuidado para que as suas palavras não soem arrogantes.

O público quer que você seja bom, mas não quer que você se considere "o bonzão" e fique "se achando". Lembre-se que o foco deve ser sempre a mensagem e o público.

Dale Carnegie recomenda não parecer um "perito visitador", arrogante, que faz com que o público se feche.

Caso vacile e pareça arrogante, e caso você esteja representando a sua empresa, não só você ficará com a imagem de alguém arrogante, mas a sua empresa também ficará.

INTERESSES DO CONTRATANTE

Você pode dizer muitas coisas durante sua apresentação, mas cuidado ao falar algo que vá contra os interesses de quem lhe contratou ou de quem lhe convidou – isso é meio caminho andado para não ser convidado novamente.

•••

Se as palavras não fossem tão importantes, não haveria tantos *brainstorms* (método de exploração de ideias) e reuniões entre publicitários para decidir um slogan, por exemplo.

Foi mostrado anteriormente muitos detalhes que impactam na força da mensagem e vários itens que desabonam qualquer fala. O grande desafio é cuidar com as palavras sem perder a espontaneidade.

Seja sempre aquela pessoa com noção, que pensa antes de falar e utiliza técnicas para que a mensagem de fato seja efetiva.

CAPÍTULO 15
TIPO ASSIM, NÉ?

Bianca e Douglas são amigos. Bianca é um ano mais velha do que Douglas, e já possui carteira de habilitação, ela fez toda parte teórica e prática no Centro de Formação de Condutores do bairro. Agora Douglas vai começar a parte teórica no mesmo local e Bianca disse a ele que um dos instrutores, que se chama Osmar, falava 80 vezes o "né?" em uma hora de aula. Douglas perguntou como ela sabia que eram 80 "nés" e Bianca respondeu que contava durante as aulas – cada "né?" falado ela fazia um risquinho em sua apostila. Ao final da aula, havia 80 risquinhos.

Chegou o primeiro dia de aula do Douglas, o instrutor se apresentou: "Boa noite a todos, o meu nome é Osmar ...". Na hora Douglas pensou: "É ele. Vou fazer igual a Bianca e contar quantos 'nés' ele fala". Ao final da aula, ele verificou que havia computado 92 "nés". O recorde havia sido batido. Douglas tirou uma foto de sua apostila cheia de risquinhos e enviou para Bianca, que na hora já compreendeu do que se tratava.

A seguir apresentamos toques que vão tanto para o instrutor Osmar quanto para você, leitor, que deseja diminuir os vícios de linguagem e ser um orador impactante.

VÍCIOS DE LINGUAGEM

Vícios de linguagem podem aparecer tanto nas apresentações em público como nas conversas cotidianas, mas de qualquer forma trata-se de um problema a ser corrigido. Vícios de linguagem são palavras desnecessárias e que aparecem constantemente em um discurso – se eu falo um "né?" ao longo da apresentação, não existe aí vício de linguagem. Para caracterizar vício é preciso que haja repetição em curto espaço de tempo. Os vícios de linguagem mais conhecidos são "né?", "tá?", "tipo assim", "então", "bom" e as pausas vocalizadas entre as frases ("ãããããã" ou "ééééé"). Na maioria dos casos, o orador não tem consciência do vício e de que incomoda muito quem está assistindo à apresentação.

MALEFÍCIOS DOS VÍCIOS DE LINGUAGEM

Se você fala em público, você tem uma mensagem a ser transmitida. Essa mensagem tem um poder e é seu dever valorizá-la o máximo possível. Quem possui vícios de linguagem está boicotando a própria apresentação, boicotando a própria mensagem, pois está enfraquecendo-a.

Você sempre espera que o público esteja prestando atenção em sua mensagem, entretanto, os vícios de linguagem fazem com que as pessoas mudem de foco. Os "nés" do instrutor Osmar chamam mais atenção de Douglas, Bianca e outros tantos alunos do que o conteúdo em si.

O uso de vícios de linguagem, principalmente os que buscam aprovação constante, como o "tá?" e o "né?", evidenciam a insegurança do orador. O público inconscientemente pensa: "Se o orador está inseguro, por que dar credibilidade a ele?".

Se você abusa de algum vício de linguagem, ou você irritará seu público ou virará alvo de deboche – não sei o que é pior.

REFLEXÃO SOBRE OS VÍCIOS DE LINGUAGEM

Reflita: o que seria pior, 10 "nés" em uma hora ou 5 em um minuto? Na relação uso da palavra e tempo, com certeza os 5 "nés" ditos em um minuto doeria muito mais nos ouvidos de quem estivesse assistindo.

Por isso podemos afirmar que dizer um "né?" não caracteriza nenhum crime. É aceitável usar um "né?" uma vez ou outra para incentivar a participação e verificar se o assunto foi compreendido.

De qualquer maneira, para muitas pessoas, o "né?" ganhou um status de indigno. Por isso, sempre que possível, substitua o "né?" por algo similar, como "está claro?". E logicamente, se você falar "está claro?" muitas vezes em uma apresentação, o "está claro" virará um vício de linguagem. Portanto, o vilão em si não é o "né?", mas qualquer palavra ou termo utilizado acima do normal.

Qual é a linha que define o normal e o excedente? É difícil precisar, pois se trata de uma linha muita tênue. Por este motivo, trabalhe com margem de segurança, longe desta linha tênue. Todo orador deve sempre ter o cuidado com qualquer repetição de palavra em curto espaço de tempo e não se submeter à aprovação do público a todo instante.

INFLEXÃO DE VOZ E VÍCIO DE LINGUAGEM

A inflexão de voz na decrescente mostra quando um raciocínio está sendo concluído. Entretanto, se você não usar sua inflexão de voz para esse fim, pode ser que inconscientemente você diga "tá ok?", "certo?" ou "né?" ao final da frase, justamente para obter esse desfecho. Acerte a inflexão de voz e você elimina essa causa do vício de linguagem.

PAUSA VOCALIZADA TAMBÉM É VÍCIO DE LINGUAGEM

As pausas vocalizadas, aqueles "ãããã" ou "ééééé", entre as frases sugerem falta de vocabulário.

A pausa vocalizada é utilizada conscientemente ou inconscientemente pelo orador como uma estratégia para ganhar tempo, para poder decidir qual será a frase seguinte. O pensamento é mais veloz do que a fala – pode ser que até já saibamos qual ideia será transmitida, mas é preciso decidir quais serão as palavras a serem usadas. Quanto melhor for o seu vocabulário, mais rapidamente decidirá as palavras, não incorrendo no erro das pausas vocalizadas.

Esses "ãããã" e "ééééé" são irritantes para o público. **Veja no Capítulo 2 os benefícios da pausa silenciosa**.

COMO SOLUCIONAR O PROBLEMA DOS VÍCIOS DE LINGUAGEM

O problema dos vícios de linguagem tem solução – e fácil.

O primeiro passo para corrigir algo sempre é a consciência. Na maioria dos casos, o orador nem sabe que possui vício de linguagem. Quando ele sabe, pode ser que não esteja ciente do quão prejudicial é.

Para você descobrir se possui vício de linguagem, pode ser que um pouco de atenção seja suficiente – como em um clique mágico, você pensa: "Puxa vida, acabei de falar um 'né?' e já estou falando outro". Outra dica é perguntar para alguém e de preferência que seja uma pessoa que não queira apenas te agradar. Contudo, assistir a si mesmo é a principal forma para se autoconhecer.

Estando ciente de que possui um vício de linguagem e sabendo qual é ele, agora você começa a se policiar enquanto fala – inclusive nas conversas cotidianas. É uma questão de treino, forçando o não uso do vício de linguagem – se for pronunciá-lo, pare e faça uma pausa – e então siga com o discurso.

Quando for ensaiar, você pode pedir para que alguém faça um barulho irritante, como bater um talher em um copo toda vez que você disser algo que se caracterize como vício de linguagem. Isso é como se fosse a lei do retorno – o barulho do copo fará você se irritar e é justamente "irritação" o que você faz o público sentir quando possui vícios de linguagem.

Após o autoconhecimento e o policiamento, a eliminação do vício de linguagem torna-se natural.

🎙 VÍCIOS DE LINGUAGEM ALÉM DA REPETIÇÃO DE PALAVRAS

Quando se ouve falar em vício de linguagem, automaticamente pensa-se em palavras. Entretanto, o vício de linguagem vai além. Tudo o que eu faço de forma repetitiva em um curto intervalo de tempo é vício de linguagem – pode ser na inflexão da voz, na expressão facial, na movimentação, na postura e na gesticulação.

Sabe o orador que, por exemplo, toda frase ele termina na decrescente? Vício de linguagem de inflexão de voz.

Sabe o orador que sorri toda vez que faz uma pausa entre as suas frases? Vício de linguagem de expressão facial.

Sabe o orador que vai para lá e para cá, que se movimenta de forma previsível e sem objetivo? Vício de linguagem de movimentação.

Sabe o orador que balança parecendo um pêndulo? Vício de linguagem de postura.

Sabe o orador que puxa a manga da camisa toda hora? Ou que fica tirando o anel? Ou que repete sempre o mesmo gesto? Vício de linguagem de gesticulação.

Para corrigir isso, o caminho é o mesmo – autoconhecimento, policiamento e a natural eliminação do vício.

Alguém de confiança deveria avisar o instrutor Osmar a respeito do seu vício de linguagem, de forma que não lhe ofendesse. Ele se tornaria um instrutor melhor com isso, os "nés" ficariam no passado e ele pararia de irritar os alunos, ou de virar chacota deles. Bianca e Douglas, não tendo "nés" para contar, se concentrariam no conteúdo propriamente dito. E o principal detalhe: é simples de consertar. Quanta gente não melhoraria muito a sua fala em público corrigindo isso?

PARTE 8
CUIDADOS COM A VOZ

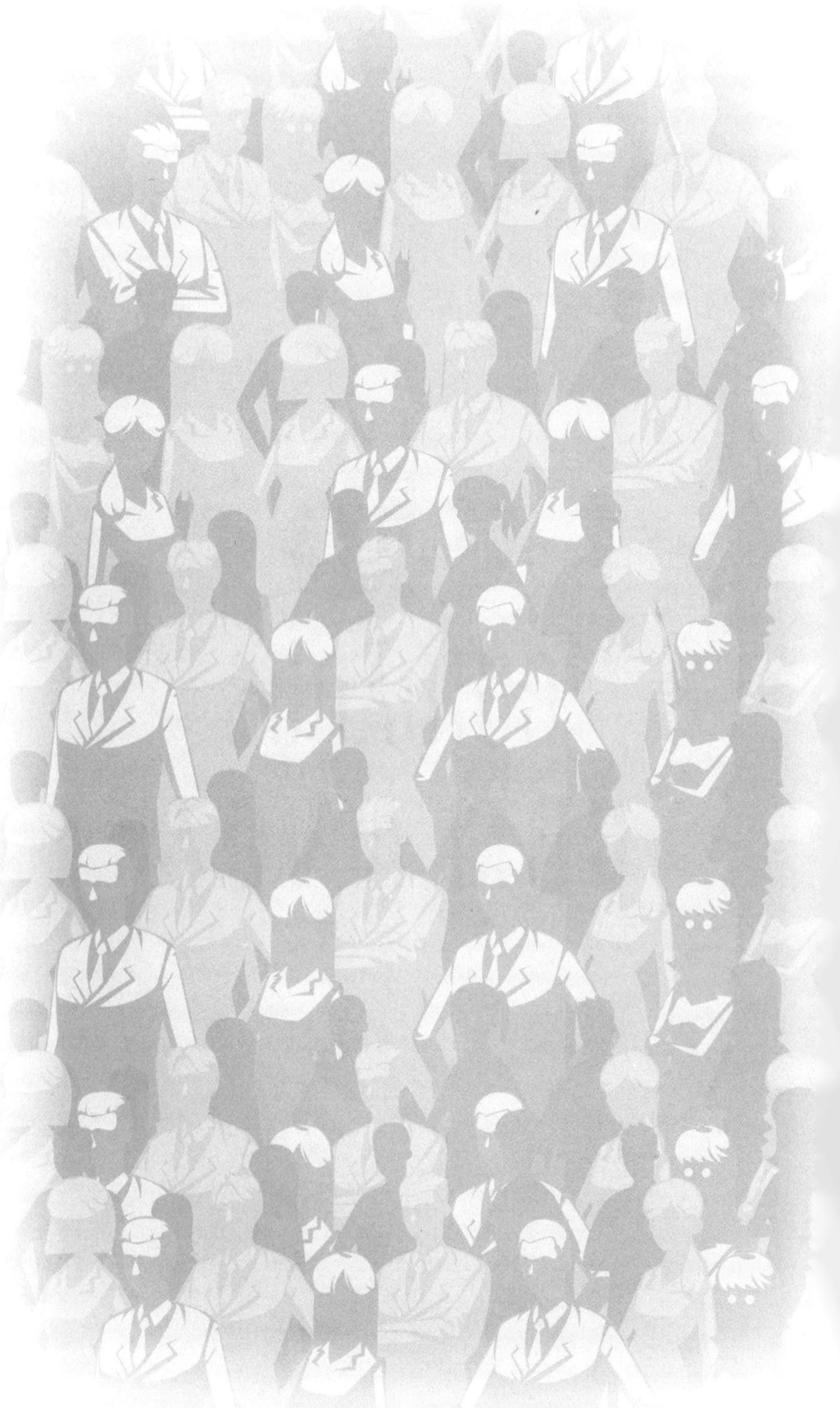

CAPÍTULO 16

CUIDE DA SUA VOZ

Roger foi convidado para proferir algumas palavras aos funcionários da sua empresa. Enquanto se encaminhava para o palco, a assistente lhe entregou o microfone. Chegando ao palco, ele colocou o microfone em cima da mesa e disse: "Eu prefiro falar sem microfone". Então começou a forçar a voz para que as 200 pessoas presentes no auditório pudessem ouvi-lo. Em vão, pois boa parte do auditório não lhe ouvia tão bem. Sem escutar perfeitamente o que Roger falava, algumas pessoas começaram a conversar baixinho. Com isso, agora havia um obstáculo para o nosso orador: o burburinho do público. Então ele forçou ainda mais a voz. Resultado: um orador sem voz e um público sem sequer entender o que estava sendo dito.

Existem muitos cuidados que podemos ter em relação à voz e é disso que este capítulo tratará.

A seguir apresentamos toques que vão tanto para o Roger quanto para você, leitor, que deseja ser um orador impactante com uma voz saudável.

VOZ

A sua voz é bonita ou é feia? Isso é dificílimo dizer, afinal a beleza da voz é um conceito subjetivo. A voz que agrada uma pessoa pode não agradar outra. É claro que existem pessoas com vozes marcantes, como o Lombardi ou Cid Moreira, mas a maioria das pessoas possui uma voz comum. O que importa não é o tipo de voz que você tem, mas o que você faz com o seu recurso vocal.

A partir disso, pode-se afirmar que mais importante do que a beleza da voz é a saúde da voz e o quanto ela é segura.

CONHECENDO A PRÓPRIA VOZ

Quando você fala, ouve a própria voz a partir da ressonância óssea de dentro da cabeça. Quando você se grava falando, e dá o play, ouve a sua voz a partir da propagação de ondas no ar (e é desta maneira que os outros lhe ouvem). A voz fica diferente e é muito comum estranhar, mas essa é a voz de verdade.

É muito importante fazer este exercício de se gravar e se escutar. Apenas com o autoconhecimento é possível fazer melhorias conscientes no recurso vocal. Com o tempo, você para de estranhar a própria voz.

CUIDADOS COM A VOZ

Todo orador deve pensar na sua voz como uma ferramenta de trabalho, e por isso deve cuidar muito bem dela. Todas as dicas a seguir visam que você tenha uma voz saudável, que nada mais é do que uma voz produzida sem esforço, limpa (sem rouquidão), com boa projeção e bem compreendida.

- Produção: a voz deve iniciar na região do abdômen, e não garganta. Fale e sinta da onde está saindo sua voz.

- Hidratação: é recomendável tomar aproximadamente dois litros e meio de água por dia para manter-se devidamente hidratado. Pode ser que você sinta a necessidade de tomar água durante a sua apresentação, visto que a adrenalina resseca a garganta. Como fazer se precisar beber água nesse momento? Uma possibilidade seria incitar uma reflexão: "O que vocês acham disso?", e tomar um gole de água. Você terá alguns segundos para hidratar-se e o público terá alguns segundos para refletir.

- Cuide de sua alimentação: Kyrillos e Jung dão algumas dicas sobre a alimentação que você deve ter antes de uma apresentação. Eles recomendam evitar tomar leite antes de apresentar-se, pois isso aumenta a viscosidade do muco do aparelho respiratório; evitar café e chá preto, pois isso desidrata a mucosa das pregas vocais; evitar qualquer alimento gorduroso e refrigerante, pois isso dificulta a digestão e atrapalha a movimentação do diafragma; evitar alimentos gelados, pois isso gera vasoconstrição, prejudicando a circulação do sangue e da linfa (se tomar um sorvete, por exemplo, beba água em temperatura normal logo após, recuperando a temperatura normal do corpo sem maior desgaste energético). Mas o que pode ingerir? Kyrillos e Jung recomendam frutas duras, pois forçam mastigar e preparam os músculos articuladores (principalmente a maçã, por ser adstringente, raspando a superfície da boca e da faringe deixando a saliva menos grossa); além disso, chá quente também é recomendável, pois melhora a circulação.

- Evite bebidas alcoólicas destiladas.

- Não fume.

- Faça exercícios físicos.

- Atente-se à temperatura do ambiente e ao ar-condicionado: tomar água é importante no calor para hidratar-se e, no frio, para hidratar-se e também umidificar o trato vocal ressecado causado pelas baixas temperaturas. O ar-condicionado faz o mesmo que o frio – ele tira a umidade do ambiente e de nós mesmos, portanto, a solução é tomar água e até mesmo evitar usá-lo.

- Aqueça as cordas vocais e desaqueça: antes de uma apresentação, aqueça as cordas vocais e desaqueça-as depois, assim como os atletas fazem com a sua musculatura antes e após suas provas e partidas. Na parte da manhã o aquecimento é ainda mais necessário, pois as pregas vocais ainda estão inchadas, razão pela qual a voz é mais grave quando se acorda. **Os exercícios de dicção apresentados no Capítulo 1** são boas opções para o aquecimento e desaquecimento sugeridos.

- Sono e repouso: para a voz ser melhor produzida é preciso estar bem descansado. Se você estiver cansado, terá dois problemas: primeiro, o cérebro terá dificuldade para resgatar as informações na memória e isso atrapalhará a construção da mensagem; segundo, você articulará pouco a boca para economizar energia e as pessoas não entenderão muito bem o que você falará.

- Não pigarreie: pigarrear provoca choque mecânico entre as pregas vocais. É preferível tomar um gole de água.

- Tenha cuidado com pastilhas: elas podem anestesiar e mascarar um quadro mais grave, enquanto você força ainda mais a voz.

- Boceje: bocejar é um bom hábito (sugiro apenas colocar a mão na frente da boca quando fizer).

- Gargareje: o gargarejo com água morna relaxa os músculos da garganta.

- Relaxe os músculos da região do pescoço: alongue os músculos da região do pescoço e ombros. Se estiver tenso, a laringe pode produzir uma voz trêmula, aguda e abafada. Ter uma boa postura ajuda a evitar tensão no ombro e pescoço.

- Respire corretamente: o oxigênio é a base da sua voz. Coloque a mão para sentir se a sua respiração está sendo torácica (que sobe os ombros) ou diafragmática. Se a respiração está errada, sua voz fica prejudicada. A respiração correta é a diafragmática – aquela que a barriga expande na inspiração –, para treinar esse tipo de respiração, inspire em cinco segundos, segure a respiração por cinco segundos e expire em cinco segundos, aumentando esse tempo gradativamente. Algumas variações que você pode fazer é expirar fazendo o barulho de uma bexiga esvaziando ("xiiiiii") e inspirar e expirar em partes (inspira / pausa / inspira mais um pouco / pausa / mais um pouco / pausa / inspira / segura / expira / pausa / expira / pausa / expira / pausa / expira / e recomeça o ciclo).

- Apresente-se de pé: quais são as vantagens de se apresentar de pé? Em primeiro lugar, isso transmite mais autoridade do que a fala sentada. Em relação à voz, estar de pé possibilita que o orador use melhor seus recursos vocais, demonstrando mais energia e convicção pela voz. Além disso, propicia que a linguagem corporal seja melhor percebida e permite maior movimentação.

🎤 Use microfone, se necessário: se houver necessidade e houver microfone à disposição, não hesite em usar. A seguir será apresentado um tópico exclusivo sobre o uso desse instrumento.

🎤 MICROFONE

Muitas pessoas podem até falar em público, mas pelo amor de Deus, não com microfone! O microfone não é um bicho que vai lhe morder, se souber usá-lo, ele pode lhe auxiliar em muitas ocasiões e preservar a sua voz.

Há oradores que não gostam de falar ao microfone e teimam em não falar. Com isso, o próprio orador sentirá a voz desgastada, se não for no momento da apresentação, com certeza será logo após. E o público também sentirá, porque principalmente as pessoas que estiverem mais ao fundo do auditório não compreenderão tão bem o que o orador disser. Você pode ter a sua preferência em usar ou não o microfone, mas saiba falar ao microfone e, se o público preferir microfone, não teime.

Os melhores microfones seriam os modelos *headset* ou de lapela, que mantêm as mãos livres para gesticular ou segurar o passador de slides, além de possibilitar a movimentação. A única exceção para não se optar por esses é se você estiver com tosse, pois com esses microfones você não conseguirá escondê-la e ela será projetada em alto e bom som.

Entretanto, nem sempre é possível escolher. Se o microfone for do tipo pedestal, é preferível retirá-lo da base para se ter mais mobilidade. Trava uma mão, mas libera a movimentação. Posicione-o na altura do osso esterno, no meio do peito, com a cabeça do microfone aproximadamente a 10 centímetros abaixo da boca. A gesticulação ficará por conta da mão/braço que não está segurando o microfone (não gesticule com a mão que está segurando o microfone). É possível revezar a mão de tempo em tempo, mas não exagere nessa troca de mãos.

Todavia, caso o contexto não lhe permita retirar o microfone da base do pedestal, fale nele assim mesmo – apesar de travar sua movimentação, o pedestal deixa suas mãos livres. Também o posicione para que ele fique a dez centímetros da boca. Fale olhando o público por cima do microfone. Você não pode ficar olhando somente o meio do auditório. Quando for olhar para os cantos, lembre-se de girar o tronco na direção que você estiver olhando, sempre falando com a boca na direção do microfone.

Sempre teste a regulagem do microfone antes de iniciar a sua apresentação. Se necessário, faça ajustes durante a fala, mas esteja ciente de que isso não é interessante.

Use microfone em todas as situações que puder para se familiarizar com o recurso. Na próxima vez que for em uma festa com karaokê, cante, ou no mínimo pegue o microfone na mão e diga "Som-som-testando-1-2-som".

Desta maneira o microfone deixará de ser algo estranho para você.

⋯

Vimos neste capítulo várias dicas para se cuidar da saúde da voz.

Tendo a voz saudável, terá a voz forte. Segundo Koegel, as pessoas associam voz forte com segurança. Voz forte não tem a ver com volume de voz, e sim com não hesitar enquanto fala.

Tendo uma voz forte, utilize seu potencial vocal como se deve. **Leia o Capítulo x**, em que parte dele trata do "como se fala" e como isso faz toda a diferença em uma apresentação.

PARTE 9
CONVENCENDO E PERSUADINDO

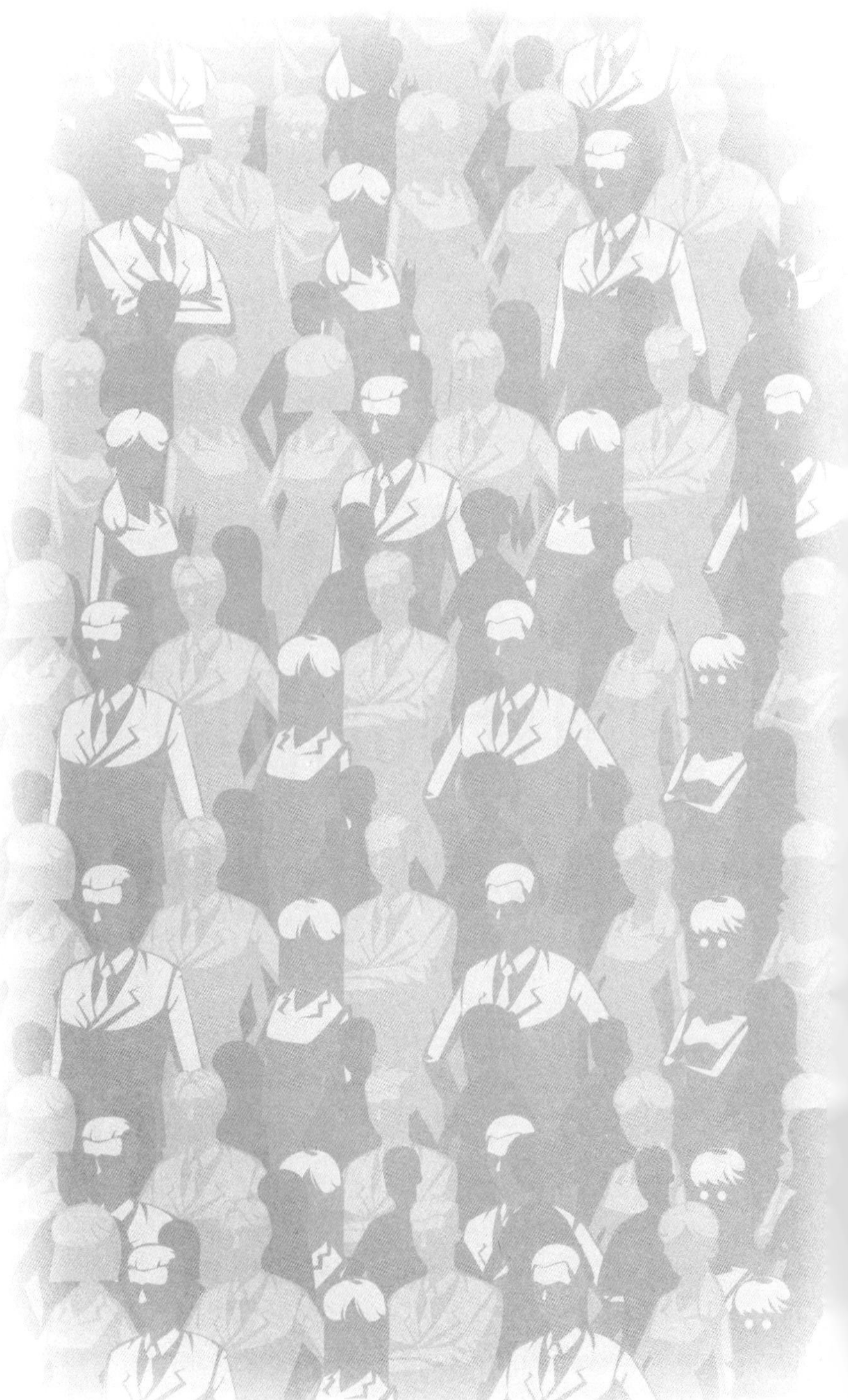

CAPÍTULO 17
CONVENCENDO E PERSUADINDO

Adriane tinha uma missão naquele momento: entrar no bloco em que 200 operários trabalhavam, conectar o microfone na caixa de som e passar a seguinte mensagem: "Usem EPI". Ela deveria fazer isso de uma forma que os funcionários se sentissem motivados a sempre usar EPI (equipamento de proteção individual) e que isso parasse de ser um problema para a gerência.

Em primeiro lugar: Adriane não estava convencida da necessidade destes equipamentos, ou seja, ela não era a pessoa certa para dar este recado. Só vende bem uma ideia quem de fato a comprou previamente.

Além disso, na hora H ela tremeu vendo 200 operários de braços cruzados em sua frente. Sua voz estava travada e sua fala cheia de hesitação. Pergunto: alguém "dá moral" para uma mensagem transmitida de maneira hesitante? Não tanto quanto deveria.

Seu conteúdo foi 100% racional – só que uma fala 100% racional é esquecida e não conduz à ação.

Também não ficou claro o que as pessoas deveriam fazer, e onde poderiam pegar seus equipamentos. Teve muito funcionário que, mesmo após a sua fala, não fazia ideia do procedimento para a utilização correta do EPI.

Resultado: sua fala não fez diferença alguma. Quem já usava EPI continuou usando e quem não usava continuou não usando.

Alguns poderiam afirmar que o problema é que o canal de comunicação não foi o mais interessante e que outro tipo de canal poderia fazer surtir mais efeito. Ok, mas garanto para você: nesse caso, o grande problema não foi o canal de comunicação em si, porém o desempenho da Adriane. Essa fala em público poderia ter um efeito muito positivo se fosse realizada por alguém preparado para transmitir a mensagem.

A seguir apresentamos toques que vão tanto para a Adriane quanto para você, leitor, que deseja não só convencer e persuadir as pessoas como também ser um orador impactante.

🎤 COMPREENDENDO O CONVENCIMENTO E A PERSUASÃO

A diferença entre convencer e persuadir é simples. Convencimento não conduz à ação, enquanto a persuasão sim. Para convencer basta um discurso racional, enquanto para persuadir é necessária uma carga emocional na fala.

No livro *A arte de pensar claramente*, o autor Rolf Dobelli relata um experimento do psicólogo Paul Slovic. Nesta pesquisa, os voluntários do primeiro grupo receberam cinco dólares para preencher um questionário. Depois foi mostrado o retrato de Rokia, uma criança muito magra, de olhar suplicante e moradora do Malauí. Ao se pedir doação para Rokia, em média os voluntários doaram 2,83 dólares do 5,00 que haviam ganho. Para um segundo grupo, que também recebeu 5 dólares para preencher um questionário, foram mostrados dados estatísticos sobre a fome no Malauí, apontando que três milhões de crianças daquele país sofriam de desnutrição. Ao se solicitar doação, o valor médio doado foi 50% menor. É de se imaginar que as pessoas se solidarizem mais ao perceber a extensão do problema, mas não é isso que acontece. Entre um dado estatístico que conversa com a razão e o retrato de uma criança que conversa com a emoção, o retrato é capaz de mobilizar muito mais.

Kotler, Kartajaya e Setiawan citam Donald Calne no livro *Marketing 3.0*: *"A diferença entre emoção e razão é que a emoção leva a ações, enquanto a razão leva a conclusões"*.

A tomada de decisão pela emoção acontece de forma inconsciente e depois conscientemente. Busca-se justificar por meio da razão a decisão já tomada.

O lado emocional, além de tomar a maioria das decisões, também guarda as informações por mais tempo. Augusto Cury diz no livro *Gestão da Emoção* que *"quanto maior for o volume emocional envolvido em uma experiência, maior será a chance de ela ser apreendida, registrada privilegiadamente e resgatada posteriormente"*.

Como conversar com o lado emocional das pessoas

Você pode conversar com o lado emocional das pessoas das seguintes maneiras:

- esteja empolgado pelo assunto e pelo contexto todo – dessa forma sua fala ganhará vida;

- fale sobre problemas que o público está enfrentando – isso deixará as pessoas com a emoção à flor da pele e elas lhe darão toda a atenção, sobretudo se você apontar soluções para o que está as afligindo;

- Conte histórias e cite exemplos – naturalmente as pessoas se colocarão no lugar dos personagens e passarão a sentir o que eles sentem.

🎺 TÉCNICAS PARA CONVENCIMENTO

Quando for falar sobre um determinado assunto, saiba que normalmente as pessoas já possuem crenças ou pré-julgamentos em relação a ele. Susan Weinschenk denomina a forma como compreendemos algo de modelo mental. Muitas vezes, esses modelos mentais são baseados em fatos incompletos, em experiências passadas e até mesmo na intuição. E mesmo assim são eles que determinam o nosso comportamento e o que atrai a nossa atenção. A autora ainda afirma que temos uma tendência a filtrar informações – qualquer informação que conflite com a sua opinião já formada é eliminada. Quanto mais forte for a crença, maior é esse filtro. E o que fazer então para vencer o filtro de informação e mudar o modelo mental de alguém? Não é nada fácil, mas as técnicas a seguir poderão lhe auxiliar nesse processo:

- 💬 não comece levantando os pontos contrários e polêmicos. Comece pelos pontos de concordância, obtendo o maior número de "sim" do público, até chegar o momento em que só lhe resta apresentar o ponto conflitante – o terreno foi preparado e as pessoas já estão mais abertas;
- 💬 nunca afirme para seu público que as crenças que eles possuem são absurdas. Se fizer isso, estará ferindo o ego de cada um ali presente e todos se fecharão para

qualquer coisa que você fale. Reforce os pontos positivos da crença que eles possuem e, de forma leve, apresente os pontos positivos da sua opinião que prepondera sobre a deles;

- seja realista. Por melhor que sejam seus argumentos, você nunca convencerá a todos, independente da performance da sua apresentação. Stephen Lucas defende que para cada posicionamento que você apresentar, haverá pessoas fortemente contra, moderadamente contra, ligeiramente contra, neutras, ligeiramente a favor, moderadamente a favor e fortemente a favor. Um entendimento realista é saber que é difícil, no tempo de uma apresentação, fazer alguém fortemente contra virar fortemente a favor. Entretanto, é plausível fazer alguém fortemente contra ficar apenas moderadamente contra, e isso já entra como processo de convencimento. Procure fazer com que todas as pessoas caminhem no mínimo uma casa na direção do "fortemente a favor". E que quem já for fortemente a favor, reforce esse posicionamento;

- pratique a empatia e se coloque no lugar das outras pessoas – estando no mundo do outro, você consegue trazê-lo sem tanta resistência para o seu ponto de vista;

- Procure mostrar todos os lados de uma situação. Talvez a pessoa seja contra por conhecer apenas um lado;

- Apresente o problema e uma gama de possibilidades de solução – mostre os pontos negativos de cada alternativa, até restar a solução que você considera mais adequada para sua situação, apresentando-a como a ideal para o público. Ao invés de expor o conceito pronto, este formato propicia que o público participe do processo de descoberta. O público, que vai acompanhando seu raciocínio, acreditará que quem chegou naquela conclusão foi ele. Fitzherbert afirma que as pessoas confiam mais em algo que elas próprias criaram – isso evidencia que a comunicação por meio de sugestão é muito mais poderosa do que a comunicação impositiva;

- antecipe-se. Roberto Shinyashiki defende que toda venda possui argumentos contrários para a compra. Elenque quais seriam esses argumentos contrários e já inclua a resposta para eles no seu discurso, antecipando-se a essas discordâncias;

- enfatize um único ponto. Você até pode citar vários benefícios da sua ideia, produto ou serviço, mas enfatize apenas um. As propagandas fazem isso: se elas citassem todos, o público provavelmente não viria a lembrar de nenhum. Ao citar apenas um, as pessoas lembrarão e associarão sua ideia, produto ou serviço a essa característica, o que facilitará a venda;

- esteja convencido. Falar sobre algo que você não acredita tirará a convicção da sua fala e da linguagem corporal, e isso será percebido pelo público, que notará a incoerência entre a comunicação não verbal e o que você diz. Essa incoerência tirará a sua credibilidade;

- a autoridade na fala a torna mais convincente. Por isso, não hesite ao falar.

TÉCNICAS PARA PERSUASÃO

Já se você quiser que as pessoas entrem em ação após a sua fala, siga estas técnicas simples:

- não comece sua fala solicitando doação. Dale Carnegie diz que se o orador começar dessa maneira, as pessoas já fecham seus bolsos e suas mentes, não prestando mais atenção na mensagem. Fale primeiramente sobre o problema em si, comovendo as pessoas e deixando-as mais propensas à doação. Uma simples troca na ordem da fala faz toda a diferença;

- esclareça toda a questão – dificilmente alguém age sem estar plenamente ciente da situação. Para esclarecer melhor, fale usando uma linguagem acessível;

- diga claramente o que as pessoas devem fazer, sobretudo os primeiros passos. Seja específico, não dando margem para que pensem: "O que eu devo fazer?". Qualquer dúvida que as pessoas tenham no sentido do que se fazer, acarreta na desistência da ideia de agir, promovendo a permanência na zona de conforto;

- reforce a viabilidade. Ao orientar as pessoas a fazer algo, pode ser que elas duvidem da efetividade do caminho que você propôs. Para reforçar a viabilidade, mostre que algo parecido já foi realizado com êxito em outro local, por exemplo;

- fale sobre problemas – Roberto Shinyashiki afirma que é possível ter a atenção do público falando de desafios, oportunidades ou problemas. Dentre os três, o melhor seria problema, pois envolve a angústia da perda, tira a pessoa da zona de conforto e incita à ação. Os desafios estimulam a superação, mas não precisa ser hoje. As oportunidades também são interessantes, mas o desejo de não perder é maior do que o desejo de ganhar;

- princípio da validação social – não diga que 10% dos funcionários ainda não responderam o cadastro, pois isso não quer dizer muita coisa. Diga que 90% dos funcionários já responderam, o que significa que a ação está validada pela maioria. Susan Weinschenk diz que somos muito influenciados pelos outros, principalmente se estivermos em dúvida;

- princípio de reciprocidade – o sentimento que se está devendo algo para alguém é inconsciente e forte. Susan Weinschenk afirma que se você fez uma bela apresentação, deu seu tempo e seu conhecimento para as pessoas, isso basta para gerar a sensação de que precisam retribuir. Por isso, deixe para pedir que o público faça algo somente ao final da sua apresentação.

Falar em público não é uma atividade fim – é uma atividade meio. Fala-se em público para algo e por vezes o objetivo é convencer ou persuadir. O orador é o instrumento que fala em nome de uma causa, ou seja, a bem dizer é a causa que está ali falando naquele momento.

Se você quiser impor algo a alguém e conseguir fazer isso, não precisa de nenhuma das técnicas apresentadas neste capítulo. Mas se quiser que as pessoas aceitem suas ideias ou façam o que você sugere, de coração, use essas técnicas e atinja os seus objetivos.

Não importa que se trate de uma reunião de negócios – uma apresentação não pode ser 100% racional se quiser convencer ou persuadir. Quer que o público lembre da mensagem? Quer que o público compre a ideia e aja porque interiorizou aquilo como correto? Então coloque uma carga emocional no seu discurso.

PARTE 10
RECURSO VISUAL

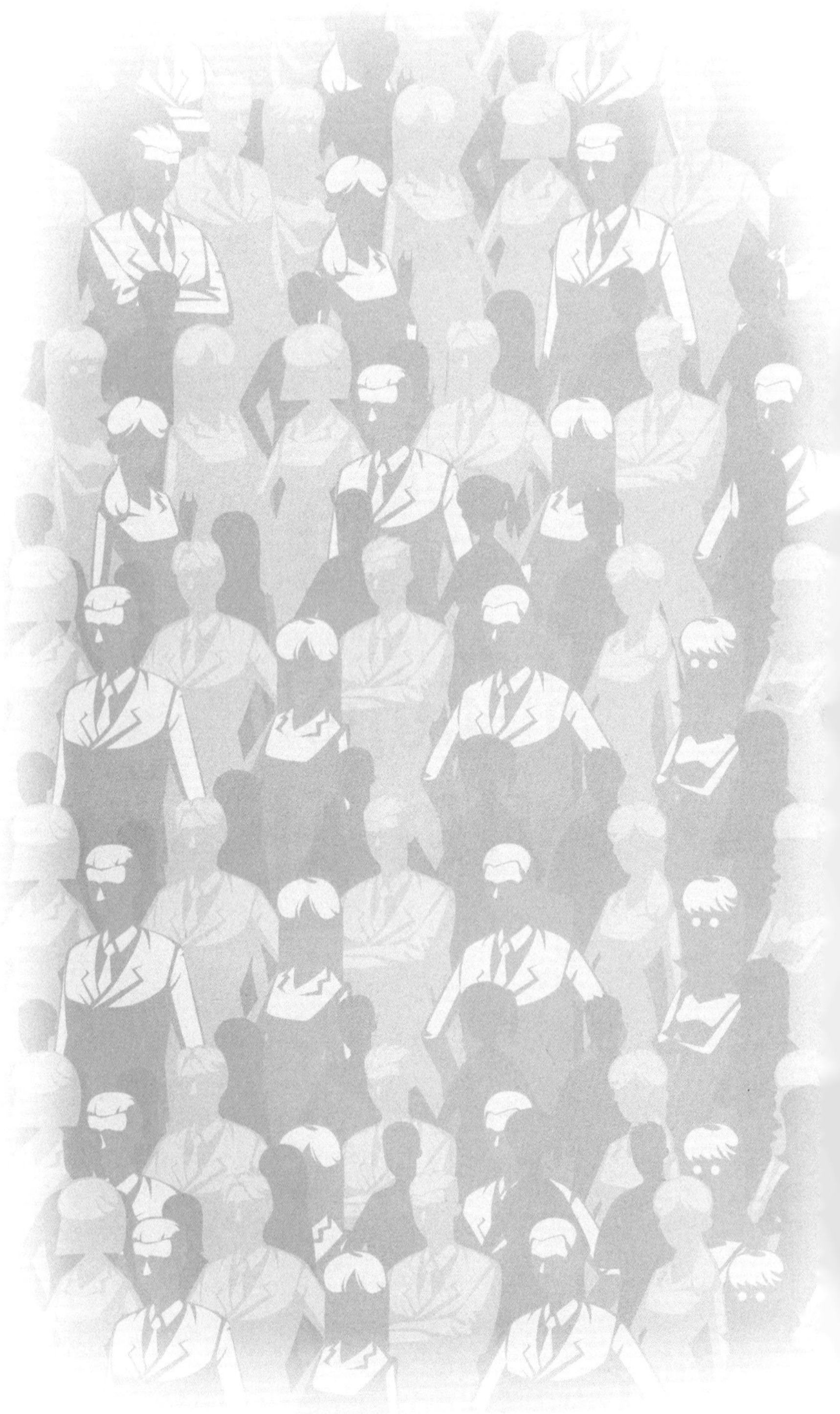

CAPÍTULO 18

NÃO SEJA UM LEITOR DE SLIDE

Karina é professora do módulo de Gestão de Áreas Verdes Urbanas da especialização em Gestão Ambiental. A atual turma desta especialização conta com 30 alunos. Eles terão dois encontros com a Professora Karina, em dois sábados, das 8h às 18h. Entretanto, esses 30 alunos mal sabem o que os aguarda – uma professora que lerá, lerá, lerá... A professora Karina ligará o projetor de slides e começará a ler – isso será a aula dela.

É preciso deixar bem claro duas coisas em relação a isso:

1º) para dar aula desta maneira, seria possível escalar um aluno do quinto ano do ensino fundamental, afinal é apenas ler;

2º) os 30 alunos não precisariam acordar cedo nestes dois sábados, e poderiam ir a eventos e passeios com seus familiares, afinal esse conteúdo poderia ser passado por e-mail e eles leriam aquilo tudo na hora mais conveniente.

Essa situação infelizmente é corriqueira e está presente em todos os níveis de ensino do meio acadêmico e em muitas apresentações do meio corporativo.

A projeção de slides ajuda ou atrapalha? A resposta é: ou um ou outro. Ou a projeção de slides lhe ajudará ou lhe atrapalhará, não há meio termo.

A ferramenta mais conhecida e utilizada para criação de apresentações é o PowerPoint e, por isso, didaticamente, sempre que neste capítulo for mencionado algo sobre ferramenta de apresentação, será citado o PowerPoint. Entretanto, os conceitos que serão apresentados valem para qualquer ferramenta. A seguir apresentamos toques sobre a utilização do recurso visual que vão tanto para a Karina quanto para você, leitor, que deseja ser um orador impactante.

NÃO FIQUE PARADO NO TEMPO

Os mais "experientes" lembrarão do carrossel de slides, que surgiu em 1961. Os slides eram colocados em um carrossel – quando o orador apertava um botão, o aparelho recolhia o slide projetado e colocava outro no projetor. Com o giro do carrossel, os slides eram mostrados em sequência, conforme o "clicar" do orador. De acordo com Eduardo Adas e Joni Galvão, as imagens eram projetadas e o discurso ficava por conta do orador.

Então surgiu o retroprojetor, que se popularizou nos anos 1980, sobretudo no meio acadêmico. Foi neste momento que textos passaram a ser projetados. O discurso ficava tanto na projeção como na fala do apresentador. Começou aí a era dos "leitores de slide" – uma era que já deveria ter terminado faz tempo.

Na sequência, surgiu o projetor de slides multimídia, que no Brasil popularizou-se apenas nos anos 2000. Com o auxílio de ferramentas como o PowerPoint, é possível projetar fotos, figuras, gráficos, tabelas, vídeos e textos. Todavia, a maior parte das apresentações são puramente texto. É como se tivéssemos parado no tempo: a tecnologia avançou, mas quem a utiliza não. Karina dá aula atualmente, mas parece que ela está nos anos 1980 – quando ela era apenas um bebê.

Quem sabe, talvez a quantidade de texto lido seja maior ainda nos dias de hoje, devido à facilidade que temos de fazer o "control c" / "control v" (copiar e colar) da internet.

Esse tipo de aula que a Karina ministra é terrível. Em primeiro lugar, porque é chata, em segundo o lugar, a qualidade das aulas e apresentações torna-se duvidosa, pois muitos descartam o processo de preparar-se adequadamente – com poucos "copiar e colar" da internet, o material está "pronto" para o professor/orador ler. Por esse motivo, muitas pessoas tinham aversão ao retroprojetor e às transparências, e hoje em dia, possuem aversão ao projetor multimídia e ao PowerPoint. Entretanto, lembremos sempre: não podemos colocar a culpa na ferramenta, mas sim naquele que a usa erroneamente.

USE APENAS SE PRECISAR

Sabe por que muita gente usa mal o PowerPoint? Porque não domina a tecnologia. E destes que não dominam, muitos nem fazem questão de dominar. E muitos utilizam recurso visual em suas apresentações apenas porque observam que todo mundo usa – como é que eles não usariam também?

O princípio básico nesse sentido é: se você sabe elaborar uma boa apresentação, e domina a tecnologia, use – o recurso visual será um bom apoio. Se você não sabe elaborar uma boa apresentação, aprenda a dominar essa tecnologia – caso contrário, dispense o recurso visual. Fitzherbert defende que é preciso refletir se o trabalho e o estresse adicionais oriundos do uso do recurso valem a pena.

NÃO VIRE REFÉM DO RECURSO VISUAL

Caso você tenha refletido sobre tudo o que acabamos de expor e decidiu que vale a pena usar a projeção de slides, a dica agora é: não vire refém do recurso visual.

Você conseguiria falar sem utilizar o recurso visual? Caso a resposta seja negativa, isso é péssimo. Recurso visual deve ser apoio. E só. Entre o recurso visual e o orador, quem é o principal? Sem dúvida alguma, o principal é o orador. Mas muitos oradores se colocam em segundo plano, dando protagonismo ao recurso visual. O orador excelente deve pensar: "Que bom se tiver recurso visual, mas se não tiver, não há problema algum". Lembre-se de que sua apresentação não pode ser puxada pelo recurso visual, mas simplesmente apoiada por ele.

Há muitos oradores que ficam perdidos caso haja problema com a energia do local, com o notebook, ou com o projetor multimídia. Sempre tenha um plano b, c etc. na manga. Se acabar a energia do local, tenha bateria em seu *notebook*; se seu *notebook* não aguenta muito tempo na bateria, leve um *pendrive* com a sua apresentação, e empreste um *notebook* da organização; outra possibilidade é salvar a sua apresentação na nuvem e acessá-la do seu celular ou *tablet*; e se nada der certo, tenha o roteiro em uma anotação em papel. Nunca fique refém apenas do plano a. É muito amadorismo cancelar uma apresentação porque deu problema na projeção dos seus slides.

🎤 TORNANDO SUA APRESENTAÇÃO MAIS EFETIVA PARA OS VISUAIS

A utilização do recurso visual deve ser feita pensando em otimizar a absorção da mensagem por parte do público. Entretanto, muitos oradores elaboram uma apresentação no PowerPoint pensando apenas em si mesmo. Obstante a isso, por que a utilização de recurso visual é importante para o público?

Conforme a "Pirâmide do Aprendizado", decorrente da pesquisa realizada na década de 1960 pelo National Training Laboratories Institute, da cidade de Bethel (Maine/EUA), nós aprendemos 5% escutando; 10% lendo; 20% por meio do audiovisual; 30% demonstrando; 50% discutindo; 75% praticando; 90% ensinando.

Uma apresentação sem recurso visual exige somente ouvidos do público? Não. Os olhos também são exigidos, por causa da linguagem corporal do orador. Todavia, a maior parte dos oradores não se comunicam tão bem com o seu corpo quanto poderiam, por isso essa parte visual fica defasada.

A utilização de recurso visual potencializa o aspecto ilustrativo, tornando a apresentação realmente audiovisual. Mas não pode ser qualquer recurso visual – necessita que seja um bem elaborado.

Se a pirâmide do aprendizado está correta e eu aprendo 5% escutando e 20% por meio do audiovisual, é possível afirmar que minha apresentação pode ser quatro vezes mais efetiva, caso minha linguagem corporal seja excelente e meus slides estejam me ajudando.

Além disso, as pessoas possuem estilos de aprendizagem – alguns aprendem mais visualmente (visuais), outros aprendem mais ouvindo (auditivos) e outros aprendem mais fazendo/tocando (cinestésicos). Todos aprendemos de forma visual, auditiva e cinestésica, mas para cada contexto uma delas prepondera. A maioria das pessoas são visuais. O aspecto visual é muito importante – basta observar a importância da televisão – se o visual não importasse, ela não teria ganhado o espaço que ganhou, e nós estaríamos preferindo apenas ouvir rádio até hoje.

Usar projeção de slide auxilia a pessoa visual? Depende. Se for um bom recurso visual, sim. Mas se eu coloco muito texto na projeção, ao invés de ajudar os visuais, estarei prejudicando-os.

SE MEU RECURSO VISUAL É BOM, NÃO FAZ SENTIDO DESCARTÁ-LO

Analisando o que foi exposto anteriormente, caso eu saiba preparar um bom recurso visual, e caso haja condições no local para fazer a projeção, não faz sentido eu descartar o uso dos slides. O recurso visual trata-se de uma alternativa que o orador possui para tornar sua apresentação mais dinâmica. Já imaginou um telejornal apresentado por um único âncora, que apresentaria todas as notícias, inclusive o clima e os esportes? Seria possível fazer isso, e a economia seria gigantesca. Mas por que nenhuma emissora se arrisca a fazer isso? Porque sabe que o telejornal não teria a mesma audiência. Para obter o necessário dinamismo, normalmente há dois âncoras, pessoa do tempo, pessoa do esporte, repórteres fazendo cobertura direto do local da notícia etc. Ter um bom recurso visual (que ajude e não atrapalhe) é investir no aspecto "dinamismo": tudo que for estático não retém atenção, já tudo que for dinâmico retém atenção.

Outra vantagem para o orador é que, ao mostrar uma imagem na projeção, ele direciona o pensamento de todos para que raciocinem de forma igual. Sem o recurso visual, se levaria tempo tentando descrever algo para obter essa mesma homogeneidade de pensamento do público, e quem sabe não tivesse êxito. Quando o orador conta uma história, aquele que assiste à apresentação está criando imagens em sua mente. Não há como garantir que a criação mental deste está alinhada com o que o orador está tentando passar. Para facilitar o alinhamento, é possível projetar imagens representando elementos-chave da história, o que induz o público a pensar como você gostaria que ele pensasse.

A utilização do recurso visual também se caracteriza por ser um reforço do discurso. Imagine um orador de segurança do trabalho falando sobre o perigo de não usar equipamentos de proteção individual (EPI). Se esse orador apenas falar, terá um impacto. Se ele mostrar imagens das consequências do não uso de EPI, o impacto será ainda maior.

Mas, como vimos, apesar de todos os benefícios que você pode ter utilizando o recurso visual, se você não sabe usar, não use. Se você não sabe elaborar uma boa apresentação, não use. Se você é puxado pelo o que está sendo projetado, também não use. Para algumas pessoas, é melhor não usar – a apresentação acaba ficando melhor sem.

Detalhe importante: você deve caprichar na sua linguagem corporal sempre (gestos, expressão facial, postura e movimentação), mas quando não usa recurso visual deve caprichar ainda mais **(veja o Capítulo 1 sobre a linguagem corporal)**.

ENTENDENDO O RECURSO VISUAL

Quando você tentar explicar algo com palavras e tiver dificuldade, é possível projetar uma imagem, que dirá mais do que mil palavras. Não caia no erro da maioria das pessoas – fazer da projeção um teleprompter, ficar virado para a parede e ler toda apresentação. O recurso visual não serve para comunicar palavras, pois a voz do palestrante já faz isso. Quando é bem utilizado, o recurso visual pode explicar em minutos ou segundos, aquilo que a voz explicaria em muito mais tempo, se conseguisse explicar. Não é preciso usar recurso visual para tudo o que você for falar – use somente para aquelas mensagens em que a projeção fará diferença no entendimento.

Quando você projeta algo, a atenção do público, por um certo tempo, se concentrará no slide. Isso significa que ele tem que ser bom, claro e realmente necessário.

Via de regra, uma mensagem necessita de apoio visual em duas situações: para facilitar a compreensão do raciocínio e para destacar uma informação importante.

Como o recurso visual trata-se de apoio, confeccione uma apresentação *clean* (limpa, sem excessos). O recurso visual não pode chamar mais atenção do que a mensagem principal. Não seria nada interessante ser lembrado pelos efeitos especiais da sua apresentação – prefira que a mensagem seja o elemento de maior impacto.

O apoio visual bem elaborado não se torna concorrente do palestrante e é capaz de fazer com que as pessoas se lembrem da mensagem por mais tempo.

TEXTO NO SLIDE

Todo mundo sabe que o método de ler slides para o público é uma péssima forma de apresentar-se. Todavia, a maioria dos palestrantes ainda faz isso. Apresentações assim são cansativas e pouco proveitosas para o público.

Já vi orador colocar muito texto no slide. Aí na hora ele não lê – ele fala de outras coisas enquanto o slide está lá sendo projetado. Adivinhe o que o público está fazendo neste momento? Exatamente, estará lendo, sem dar a devida atenção para o que o orador está falando. Com isso, o slide nada mais é do que o seu concorrente. O recurso visual deve ajudar, se ele lhe atrapalhar, descarte-o.

Já vi orador colocar dez linhas de texto no mesmo slide. O público lê mais rapidamente do que o orador, que necessita impostar a voz. Quando o público termina de ler, o orador ainda está lendo. A relação é: quanto mais texto, maior a diferença de tempo de leitura de público e orador. E quanto maior essa diferença de tempo, mais tempo ocioso o público tem para divagar. Por isso, se você tiver que usar texto, use pouco. Se for um texto grande, divida-o em vários slides. Aí a defasagem de tempo de leitura será pequena e você ainda terá a atenção do público.

Outra alternativa é fazer a entrada gradual de texto. Espero que o seu slide tenha tão pouco texto que não necessite, mas caso precise, utilize essa entrada gradual. É obrigação do orador dar apenas um foco de atenção por vez – se houver muitos focos de atenção, cada pessoa estará com a mente em um lugar diferente.

No tempo do retroprojetor e das transparências, colocar muitos tópicos expostos ao mesmo tempo era tolerável por causa da dificuldade que era produzir esse material. Mas de qualquer maneira, do ponto de vista da apresentação, não era aceitável. Hoje em dia, com maior tecnologia, não é nem aceitável e nem tolerável. Com poucos cliques é possível dividir o texto em mais slides ou fazer a entrada gradual de texto.

O ideal é diminuir a quantidade de texto da sua apresentação PowerPoint. Se alguém quiser o seu texto, ele não deverá estar disponível no PowerPoint, e sim no Word. Não crie aquilo que Carmine Gallo denomina de "slidocumentos" – documentos disfarçados de slide.

Boa parte dos slides projetados na maioria das apresentações não deveriam ser expostos ao público e, quando o orador expõe, está simplesmente se prejudicando. Essas informações poderiam estar ocultas em anotações no modo de exibição do apresentador no PowerPoint, ou em uma "colinha" auxiliar em papel, disponível no púlpito ou em cima da mesa.

Quanto menos texto tiver em seus slides, melhor. O ideal é zero de texto sendo projetado. A relação da leitura com a conexão orador-público é a seguinte: quanto mais você ler, menos fará contato visual, o que prejudica sua conexão. Ou seja, invista em menos texto, para ler menos, para ter mais conexão com o público.

Entretanto, você pode argumentar que necessita colocar texto no seu slide por algum motivo. Então é o seguinte: nada de colocar dez linhas de texto. O seu limite será no máximo três linhas por slide – e para conseguir fazer isso, divida o texto em slides diferentes, ou faça a entrada gradual. Se puder, ao invés de texto corrido, coloque tópicos. Por exemplo: não coloque no slide que "a demanda vem aumentando nos últimos três meses". Você será muito mais efetivo simplesmente colocando "aumento da demanda" e inserindo uma imagem de calendários mostrando os últimos três meses. Com isso você estará fazendo algo excelente – diminuindo texto e aumentando o número de imagens.

O que é melhor: texto corrido ou uma imagem que mostre o local? Texto corrido ou um gráfico que mostre a evolução? Texto corrido ou uma tabela explicando os números? Texto corrido ou vídeos com depoimentos? Poderíamos citar muitos outros exemplos, mas o texto corrido sempre perde. E por que nós insistimos no texto corrido?

Se colocar texto, a fonte deve ser no mínimo de tamanho 30. E se você me disser que tamanho 30 é muito grande e com isso caberá menos texto, eu respondo que essa é a ideia – além de melhorar a legibilidade.

Fitzherbert sugere o teste da camiseta – apenas coloque no slide aquilo que poderá estar escrito na camiseta de um transeunte e que você passando por ele consiga ler.

Quando mais texto tiver, maior a probabilidade de o público se desconectar de você.

POWERPOINT NÃO É A PRIMEIRA COISA

Muitas pessoas erram simplesmente porque possuem o costume de preparar seu material de forma errada. Fazem de um jeito há algum tempo, não imaginam o quanto o que estão fazendo é errado e nem conhecem outro jeito mais adequado para preparar sua apresentação.

É muito comum a pessoa fazer consulta na internet sobre determinado assunto. Ela com certeza descobrirá vastíssimo material. Então ela abre o PowerPoint e começa o "control c" / "control v". Eduardo Adas e Joni Galvão afirmam que nenhum diretor de cinema pega a câmera e sai filmando. Isso é lógico. Primeiro, é preciso ter o roteiro bem definido e depois é que se filma. Se ao preparar uma apresentação, a primeira coisa que fazemos é abrir o PowerPoint, é como se saíssemos filmando sem roteiro algum, o que é uma insensatez.

A ferramenta correta para eu desenvolver o roteiro da minha apresentação é o Word (ou uma folha de papel). A ferramenta correta para eu elaborar o meu recurso visual é o PowerPoint. Com o roteiro pronto, na sequência lógica mais adequada, eu analiso quais são os pontos que necessitam de apoio visual – o que precisar, ganhará um slide. É somente nesse momento que eu abro o PowerPoint.

Achar que toda minha fala precisa estar sendo projetada é um equívoco gigantesco.

🎤 POSSO LER ALGO NA MINHA APRESENTAÇÃO?

Lendo este capítulo, você pode estar pensando: "Ok, concordo que quanto menos texto e menos leitura, melhor, mas então eu não posso ler nada?". A resposta é: calma, você pode ler sim. A leitura do trecho de um livro ou de um documento importante pode gerar respaldo e é uma estratégia que pode aumentar sua credibilidade, visto que evidencia a autenticidade da informação. Entretanto, se for ler, siga essas dicas:

- se for ler um certo trecho, projetado ou não, leia um pouco, olhe para as pessoas, e volte a ler – ficar olhando por muito tempo para a parede, para o *notebook*, para o papel ou para o livro faz as pessoas se desconectarem da sua apresentação;

- a maioria das pessoas não utiliza como deveria o seu potencial vocal, e quando inicia uma leitura, a situação piora – lê para dentro, não imposta a voz, não destaca palavra alguma e a leitura é monótona. Use seu potencial vocal sempre, inclusive na leitura (veja Capítulo 1 sobre a elocução verbal);

- evite leituras longas – é cansativo;
- se a leitura for a partir da projeção, cuidado com o excesso de texto projetado (já comentamos minunciosamente isso neste capítulo).

⬬

Por não saber usar o recurso visual como deveria, muitas pessoas se tornam meros leitores de slide. Isso é terrível para todo mundo – o orador não consegue transmitir efetivamente a sua mensagem, e o público tem de enfrentar uma apresentação chata e improdutiva.

Tenha em mente que o recurso visual ajuda ou atrapalha. Se você não sabe elaborar um bom recurso visual, opte por não usar.

Se tudo o que você for falar estiver sendo projetado, alguém é desnecessário – ou você ou a projeção.

Invista no uso de imagens em seus slides, pois isso inibirá qualquer leitura e forçará você a falar – não a ler. Detalhe: imagens relacionadas ao que você estiver falando – não vá falar de negócios e deixar exposto um pôr do sol, pois a projeção vira concorrente.

Os anos 1980 foram maravilhosos, mas não fique parado no tempo – orador leitor de slide está há décadas fora de moda.

REFLEXÕES FINAIS

É uma grande satisfação que você tenha chegado a este ponto da leitura. Uma coisa é certa: você nunca mais assistirá uma apresentação da mesma maneira. Inclusive você conseguirá detectar falhas que outras pessoas não conseguem perceber. Quer uma dica? Não perca a mensagem que está sendo transmitida, tentado pelo desejo de ser um crítico de apresentações. Se você tiver oportunidade e intimidade, você até pode dar "toques" para esse orador, mas não perca a mensagem. Aproveite tudo que você viu neste livro, mas com você: se é para exigir uma apresentação melhor, exija de você mesmo.

Falando em apresentação melhor, recorde a lição do fogo baixo, médio e alto – desejo que você incendeie em qualquer apresentação que fizer. Pare de vacilar em suas apresentações e faça cada vez mais diferença na vida das pessoas.

Obrigado pela atenção!

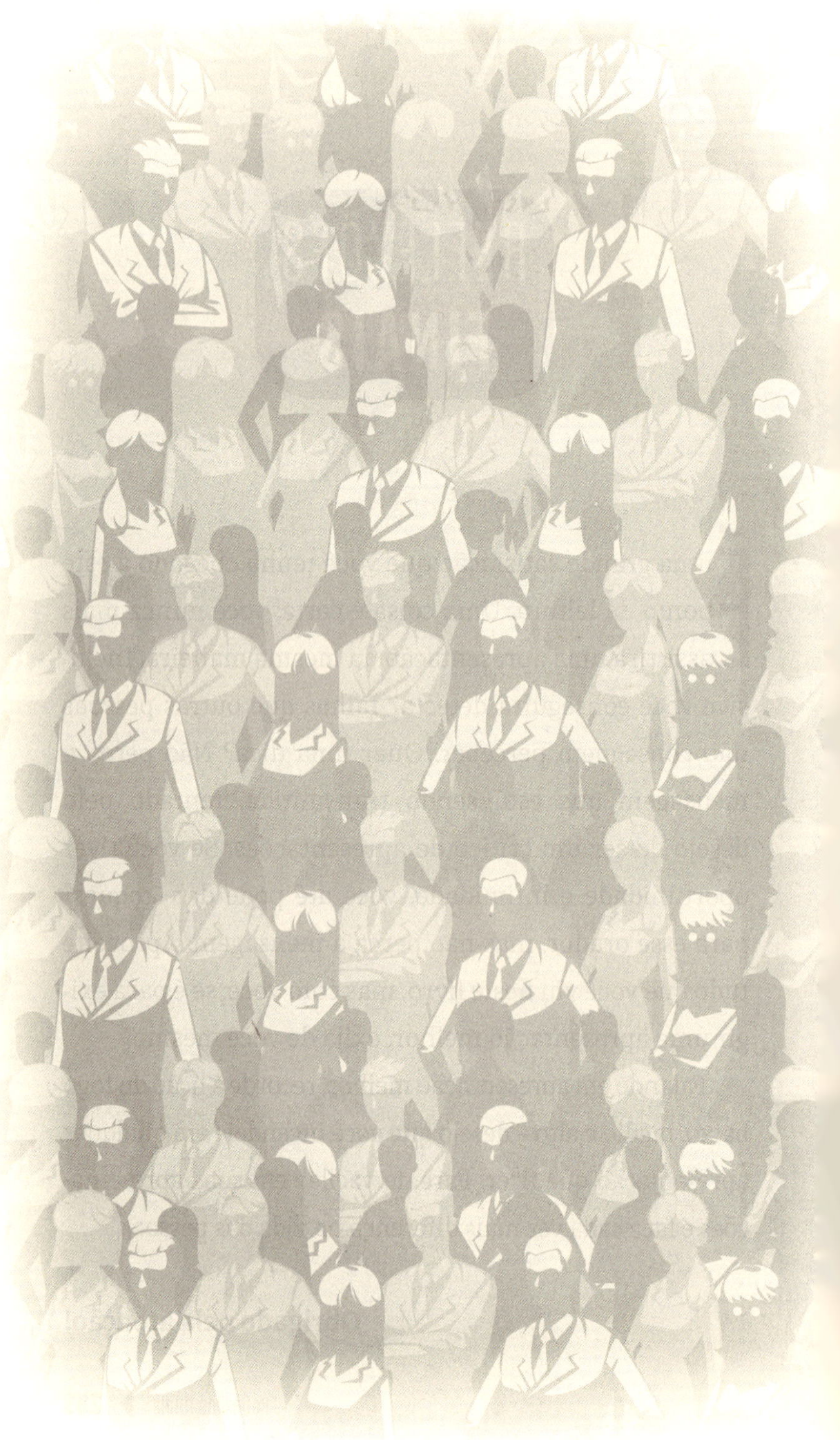

REFERÊNCIAS BIBLIOGRÁFICAS

ADAS, Eduardo; CHEQUER, Rogério; MELLO, Sabrina; VIAL, Tatiana. *Detone*: você em alta performance nos momentos decisivos. São Paulo: Matrix, 2016.

ANDERSON, Chris. *TED Talks:* o guia oficial do TED para falar em público. Rio de Janeiro: Intrínseca, 2016.

CARNEGIE, Dale. *Como falar em público e influenciar pessoas no mundo dos negócios.* Rio de Janeiro: Record, 1998.

COLLINS, John. *Apresentações perfeitas*: o guia essencial para trabalhar melhor e ser bem sucedido. Lisboa: Livros e livros, 2001.

CURY, Augusto. *Gestão da emoção*: técnicas de coaching emocional para gerenciar a ansiedade, melhorar o desempenho pessoal e profissional e conquistar uma mente livre e criativa. São Paulo: Saraiva, 2015.

DOBELLI, Rolf. *A arte de pensar claramente*: como evitar as armadilhas do pensamento e tomar decisões de forma mais eficaz. Rio de Janeiro: Objetiva, 2014.

DWECK, Carol S. *Mindset*: a nova psicologia do sucesso. São Paulo: Objetiva, 2017.

FITZHERBERT, Nick. *Apresentações magicas:* vença nos negócios colocando magias nas suas apresentações. Rio de Janeiro: Elsevier, 2012.

GALLO, Carmine. *Faça como Steve Jobs.* São Paulo: Lua de Papel, 2010.

GALVÃO, Joni; ADAS, Eduardo. *Super apresentações:* como vender ideias e conquistar audiências. São Paulo: Panda Books, 2011.

GARCIA, Luiz Fernando. *Pessoas de resultado:* descubra como você pode se destacar sempre e ser bem sucedido em tudo o que fizer. São Paulo: Gente, 2017.

JUNG, Milton; KYRILLOS, Leny. *Comunicar para liderar.* São Paulo: Contexto, 2015.

KOEGEL, Timothy J. *Como se tornar um comunicador fora de série.* Rio de Janeiro: Sextante, 2011.

KOTLER, Philip; KARTAJAYA, Hermawan; SETIAWAN, Iwan. *Marketing 3.0*: As forças que estão definindo o novo marketing centrado no ser humano. Rio de Janeiro: Elsevier, 2010.

LUCAS, Stephen E. *A arte de falar em público.* Porto Alegre: AMGH, 2014.

MEHRABIAN, Albert. *Silent Messages.* Belmont: Wadsworth Pub. Co., 1971

POLITO, Reinaldo. *Superdicas para falar bem em conversas e apresentações.* São Paulo: Saraiva, 2005.

RYAN, M. J. *O poder da adaptação*: como sobreviver a mudanças inesperadas. Rio de Janeiro: Sextante, 2012.

SHINYASHIKI, Roberto. *Os segredos das apresentações poderosas:* pessoas de sucesso sabem vender suas ideias, projetos e produtos para qualquer plateia. São Paulo: Gente, 2012.

WEINSCHENK, Susan M. *Apresentações brilhantes.* Rio de Janeiro: Sextante, 2014.

INFORMAÇÕES SOBRE NOSSAS PUBLICAÇÕES E ÚLTIMOS LANÇAMENTOS

- editorapandorga.com.br
- /editorapandorga
- pandorgaeditora
- editorapandorga

- vitaleditora.com.br
- /selovital
- vitaleditora